So schön ist Frankfurt

Sachbuchverlag Karin Mader

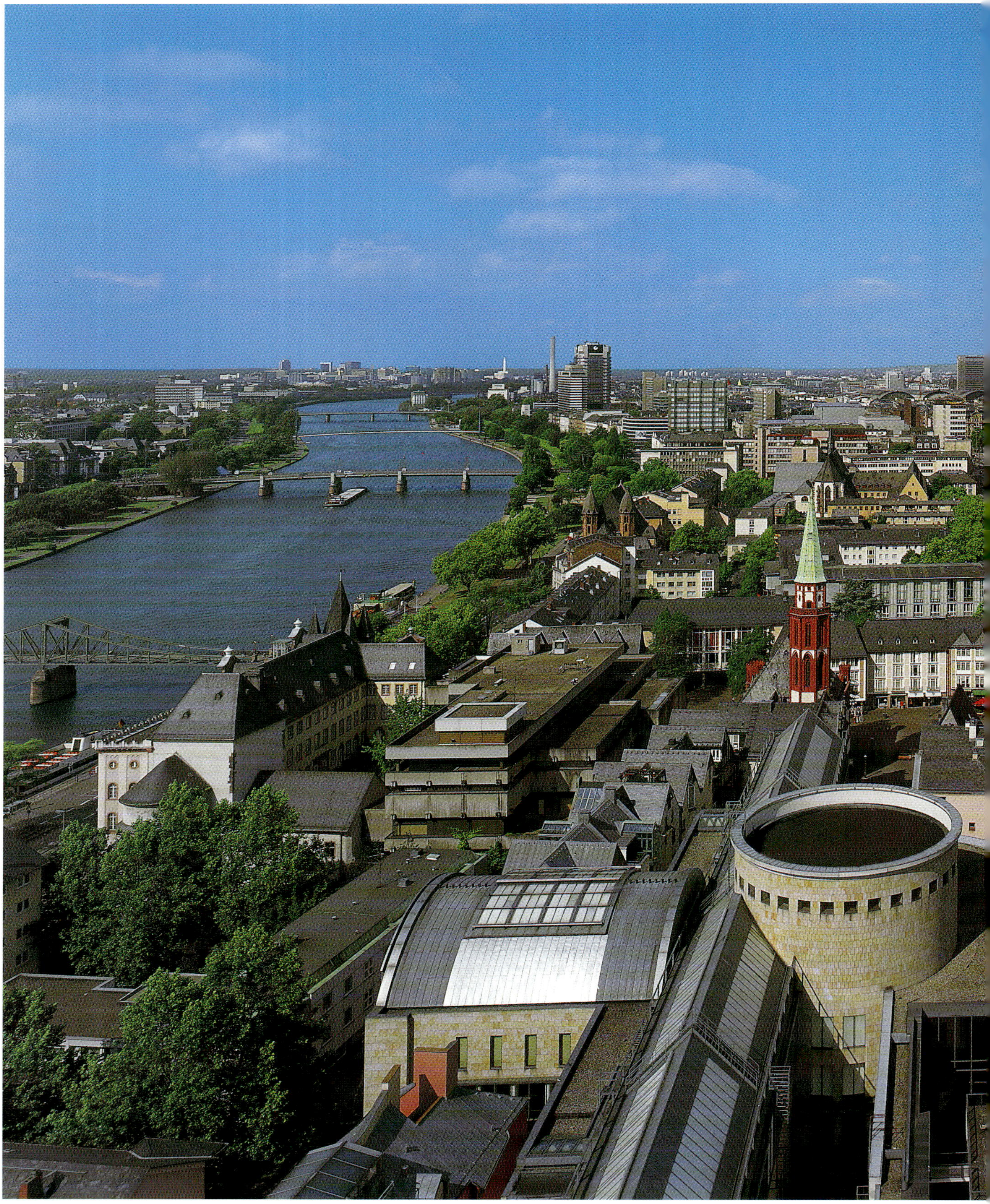

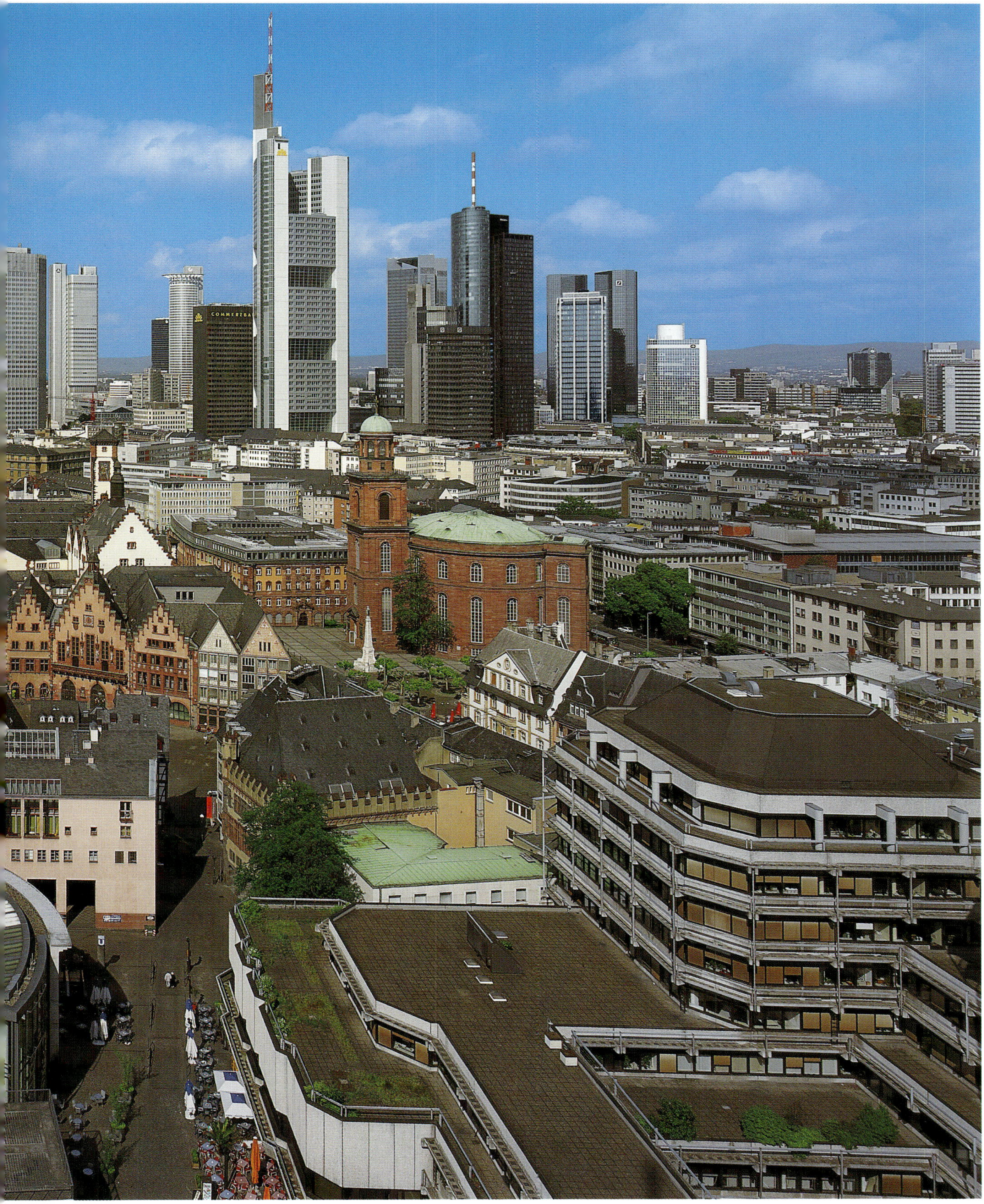

Inhalt **Seite**

Fotos:
Jost Schilgen
Seite 36: FAG-Foto, R. Rebscher

Text:
Martina Wengierek

D-28879 Grasberg
www.mader-verlag.de

Grasberg 2000

Übersetzungen:
Englisch: Michael Meadows
Französisch: Mireille Patel

Printed in Germany

ISBN 3-921957-05-2

Bild vorhergehende Doppelseite:
Im Jahre 794 erstmals erwähnt, nach dem letzten Krieg aus 17 Millionen Tonnen Schutt wiedererstanden: Frankfurt am Main, mit rund 600.000 Einwohnern größte Stadt des Bundeslandes Hessen.

Picture on previous double page:
First mentioned in 794, rebuilt out of 17 millions tons of ruins after the last war: Frankfurt am Main, with a population of roughly 600,000 the largest city in the federal state of Hessen.

Photo de la page double précédente:
Mentionnée pour la première fois en 794, reconstruite, après la dernière guerre, de 17 millions de tonnes de gravas: Francfort sur le Main, avec près de 600000 habitants, la plus grande ville du land de Hesse.

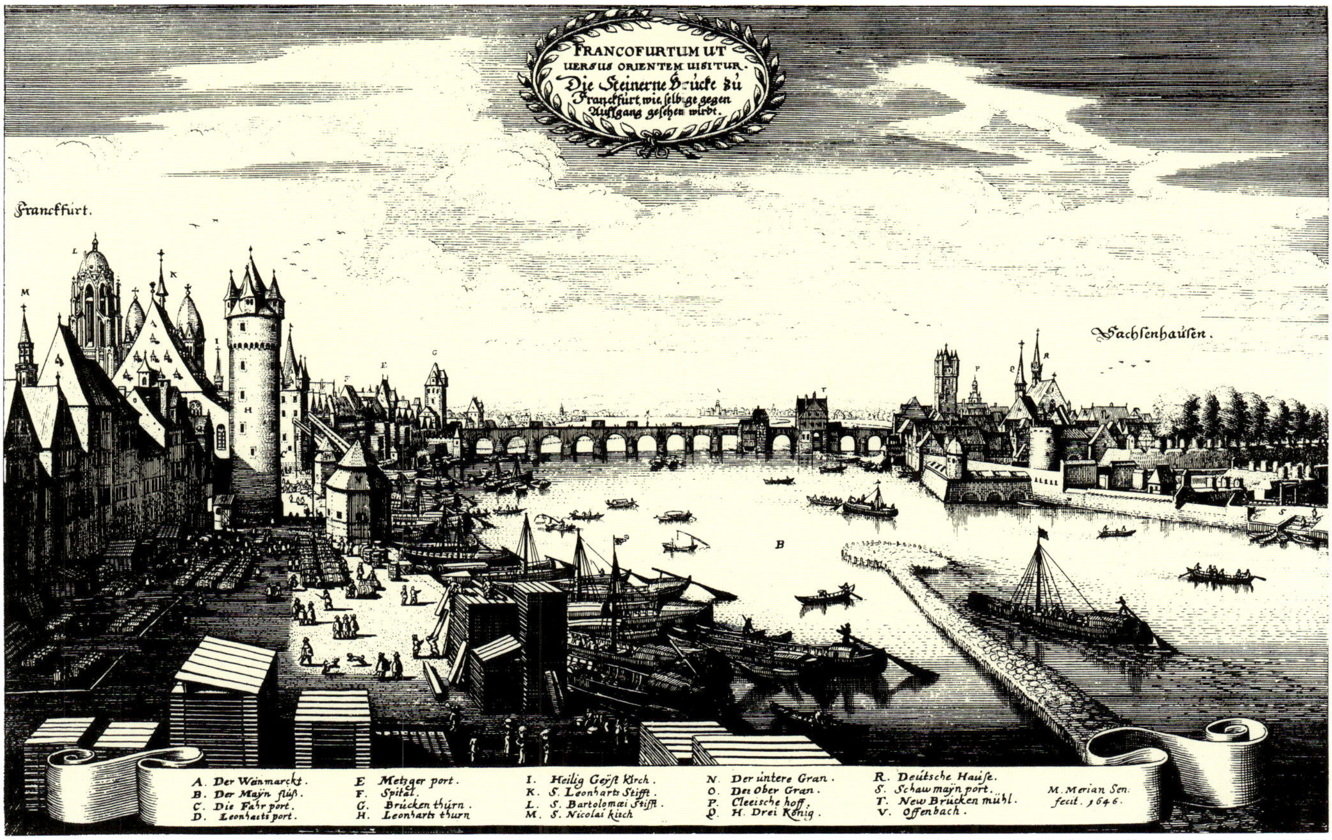

Frankfurt aus: Matthäus Merian „Topographia Germaniae", 1646

Zur Liebe auf den ersten Blick verführt die Stadt am Main selten. Schuld daran ist die verwirrende Vielfalt ihrer Gesichter, die eine fast 2000jährige Geschichte hinterlassen hat. Frankfurt ist Messemetropole, Anziehungspunkt für Wirtschaftsmagnaten, wichtigster Banken- und Börsenplatz Europas und – wenn schon nicht Capitale der Republik, seit es Bonn bei der Wahl 1949 unterlag – so doch Hauptstadt des Geldes, denn hier residiert die Bundesbank. Doch auch das Schöpferische sorgt für Ruhm: Frankfurt war Adresse von Goethe und Schopenhauer, von Philosophen wie Adorno und Habermas, und es spart nicht an Huldigungsstätten für die Künste, wie Oper, Theater und Museumsufer beweisen. Schließlich liegen am einstigen Krönungsort weltlicher Herrscher die Wurzeln der deutschen Demokratie. Dafür steht die Paulskirche, in der im 19. Jahrhundert die Nationalversammlung tagte.

The city seldom evokes love at first sight. This is due to the confusing variety of its manifold faces left by an almost 2000-year-old history. Frankfurt is a fair metropolis, center of attraction for business magnates, the most important bank and stock exchange center in Europe and – if not the capital of the Federal Republic of Germany since it lost to Bonn in the 1949 election – then capital of money, for the Federal Bank of Germany is located here. However, creativity also provides for its fame: Frankfurt was the address of Goethe and Schopenhauer, of philosophers like Adorno and Habermas, and it isn't stingy with sites of homage to the arts, such as opera, theater and museum demonstrate. Finally, the roots of German democracy lie at the former coronation site of secular rulers. The symbol of this is Paulskirche, in which the National Assembly convened in the 19th century.

Il est bien rare que l'on éprouve le coup de foudre pour la ville sur le Main. Ceci est dû à son aspect bigarré, résultat de près de 2000 ans d'histoire. Francfort est une métropole des expositions, des magnats de l'industrie, des banques et de la bourse la plus importante d'Europe. Elle n'est pas capitale de la République, en revanche, c'est la capitale de l'argent car c'est ici que la Bundesbank a son siège. Cependant la créativité contribue aussi à la célébrité de la ville. A Francfort résidèrent Goethe et Schopenhauer ainsi que Adorno et Habermas. La ville n'est pas chiche, non plus, de ses hommages à l'art, comme en témoignent les nombreux opéras, théâtres et musées. De plus les racines de la démocratie allemande reposent là même où avait lieu le couronnement: la Paulskirche dans laquelle s'est réunie l'Assemblée Nationale au 19e siècle.

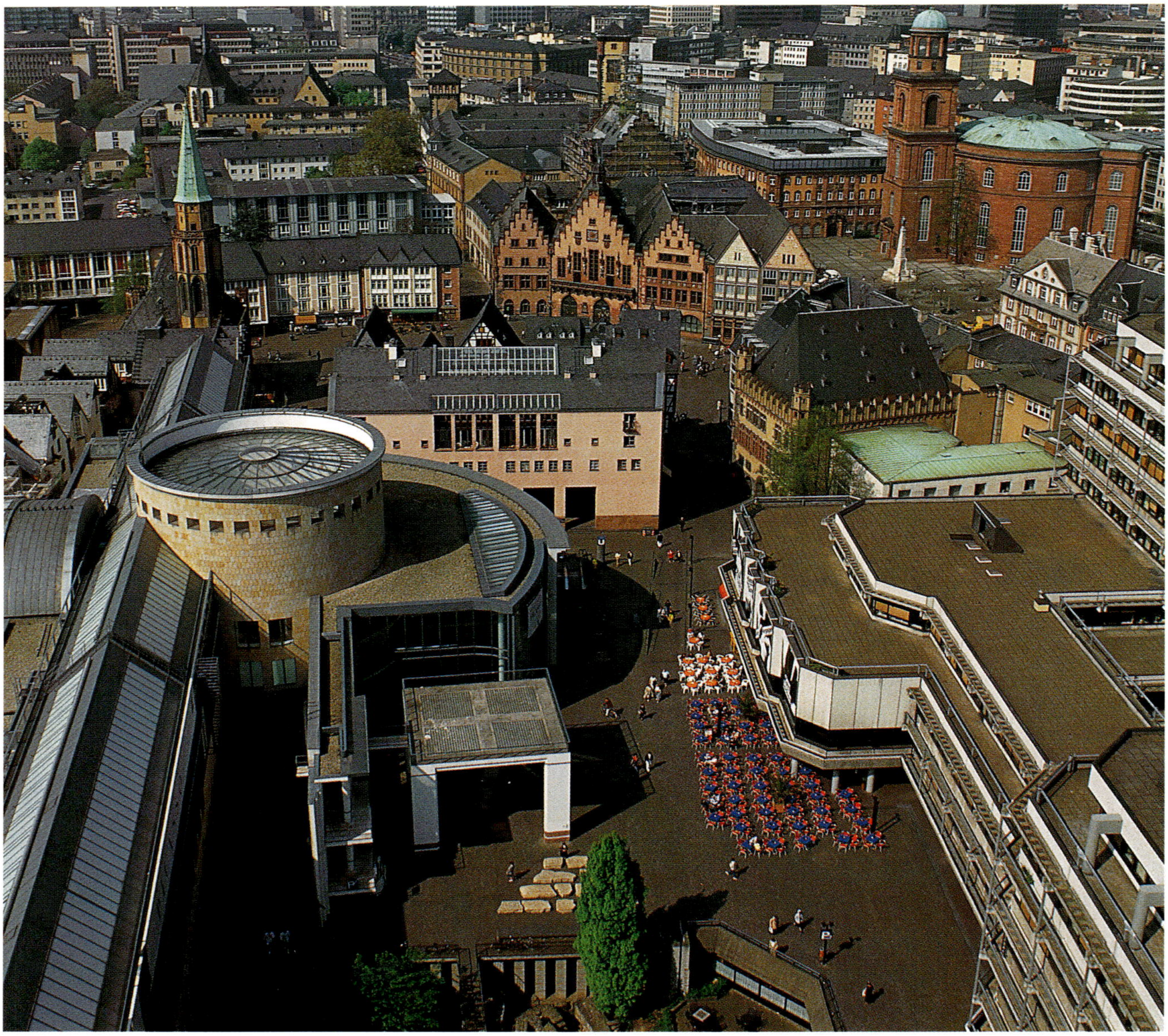

Rund um den Römerberg

Der Blick vom Dom enthüllt eine nicht unumstrittene Allianz von Gegensätzen. Der Römerberg fiel 1944 einem Bombenangriff zum Opfer. Wo sich früher die neuen Reichsoberhäupter vom Volk umjubeln ließen, gähnte jahrzehntelang ein häßliches Loch. Nach dem Wiederaufbau von Teilen der Altstadt wurden die historischen Gebäude jedoch zu Inseln inmitten neuzeitlicher Großstadtarchitektur.

The view from the cathedral reveals a not uncontroversial alliance of contrasts. Römerberg was victim of a bombing raid in 1944. Where once the new imperial leaders enjoyed the cheers of the people was an ugly, gaping hole for decades. After reconstruction of parts of the Old Town, however, the historical buildings became islands in the middle of modern big city architecture.

La vue de la cathédrale révèle une alliance de contrastes qui ne fait pas l'unanimité. Le Römerberg fut détruit en 1944 des bombardements. Là où les nouveaux dignitaires de l'empire étaient autrefois acclamés par le peuple, béait un vilain trou. Après la reconstruction partielle de la vieille ville, les bâtiments historiques devinrent des îlots au milieu de l'architecture urbaine comtemporaine.

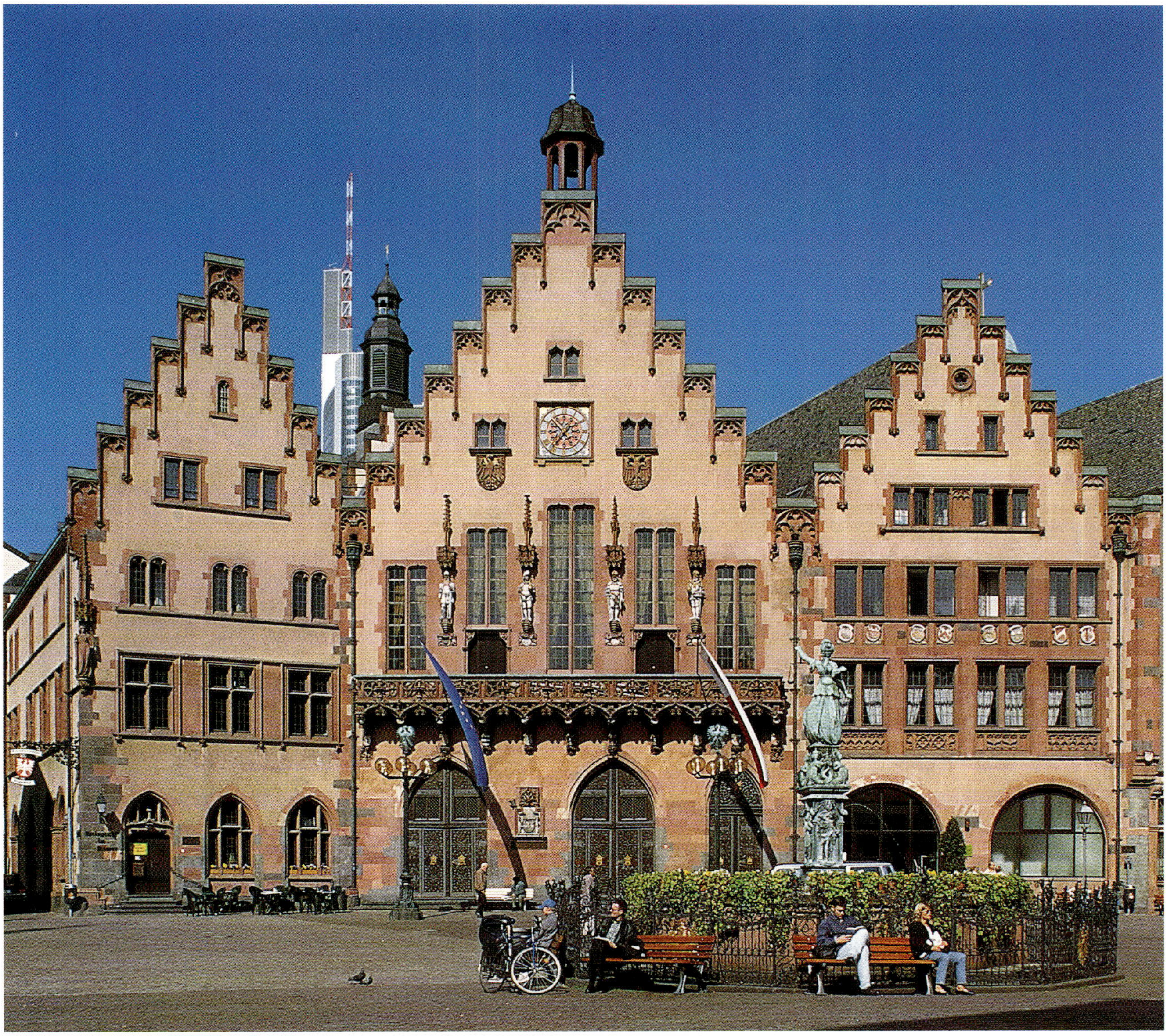

„Auf dem Berge“ hieß schlicht das Frankfurter Herzstück, auf dem die Römer ein Kastell errichtet hatten. Bis ihm dieses Haus einen neuen, berühmten Namen gab: Der Römer – Wahrzeichen der Stadt. Mit seinen gotischen Staffelgiebeln bestand er ursprünglich aus drei Bürgerhäusern. Der Rat Frankfurts erwarb diese 1405 und baute das Trio mit acht anderen Patrizierhäusern zum Rathauskomplex um. Im Mittelbau befinden sich die bis 1846 benutzten Kauf- und Messehallen, darüber erhebt sich der Kaisersaal.

The heart of Frankfurt was simply called “Auf dem Berge”, on which the Romans had built a castle. Until this house gave it a new, famous name: “Der Römer” – landmark of the city. With its Gothic stepped gables it originally consisted of three town houses. Frankfurt’s Town Council acquired it in 1405 and converted the trio with eight other patrician houses into the Town Hall complex. In the central structure are the stores and fair halls used until 1846, the Imperial Room is located above them.

Le cœur de Francfort s’appelait tout simplement «sur la montagne» jusqu’à ce que cet édifice lui donnât un nom nouveau et célèbre: Le Romain – symbole de la ville. Avec son pignon à degrés, il était formé, à l’origine, de trois maisons municipales. Le conseil de Francfort en hérita en 1405 et fit de ce trio et huit autres demeures patriciennes, le complexe de l’hôtel de ville. Dans l’édifice central se trouvent les halls d’exposition et d’achat, utilisés jusqu’en 1846, au-dessus, la salle de l’empereur.

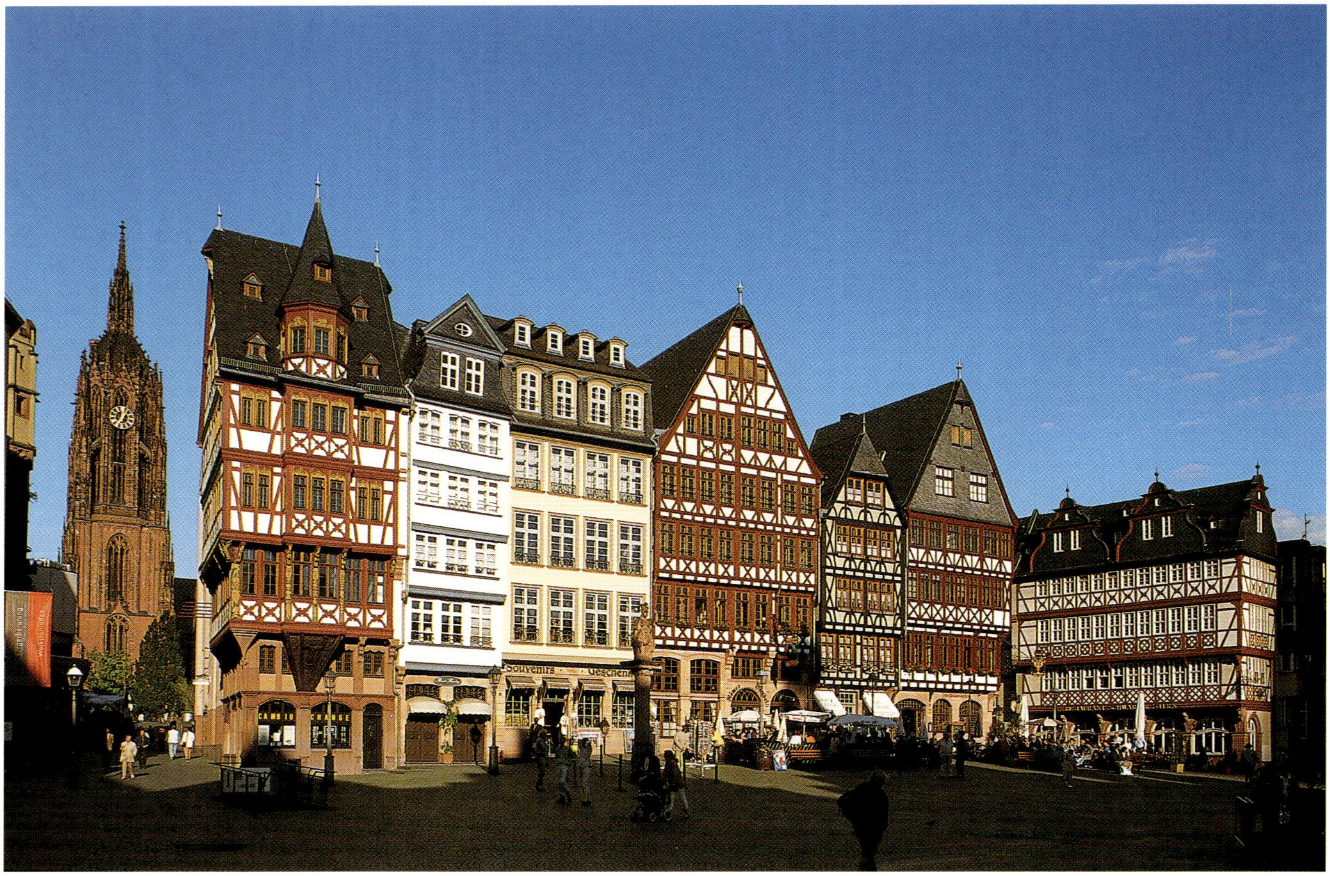

Die Häuser an der Ostseite des Römerberges sind originalgetreue Rekonstruktionen ihrer Vorgänger und wurden erst 1983 fertiggestellt. Geradezu detektivische Kleinarbeit war nötig, um die imposanten Fachwerkfassaden in überlieferter Handwerktechnik wieder erstehen zu lassen. Die Bauten haben dabei weder ihre reich verzierte Pracht noch die eigentümlichen Namen eingebüßt: „Großer Engel“ heißt das nördlichste Eckhaus mit dem Erkerturm, dessen Wiederaufbau allein 300 Eichen verschlungen hat. Sein Nachbar nennt sich „Goldener Greif“, gefolgt vom „Wilden Mann“ und vom „Klein Dachsberg/Schlüssel“. Großer und kleiner „Laubenberg“ beschließen den Reigen, der zumindest einen Hauch jener Zeit vermittelt, da Frankfurt als Kleinod mittelalterlicher Städtebaukunst galt.

The houses on the east side of Römerberg are true-to-the-original reconstructions of their predecessors and were completed in 1983. Virtually meticulous detective work was necessary to recreate the imposing half-timbered facades using handed-down craftsman's techniques. The edifices have in this way lost none of their richly ornamented splendor or the unique names: "Großer Engel" is the name of the northernmost corner house with the oriel tower, whose reconstruction alone consumed 300 oaks. Its neighbor is called "Goldener Greif", followed by "Wilder Mann" and "Klein Dachsberg/Schlüssel". Large and small "Laubenberg" bring up the rear, thus at least conveying a touch of the time when Frankfurt was considered the gem of medieval town architecture.

Les maisons sur le côté est du Römerberg sont des copies fidèles des édifices détruits et furent complétées en 1983. Un minutueux travail de détective fut nécessaire pour reconstruire les imposantes façades à colombages selon la technique d'autrefois. Les constructions n'y ont perdu ni leur magnificence ni leur curieux noms «Grand Ange» s'appelle la maison du coin le plus au nord avec la tour en saillie. Sa reconstruction a englouti 300 chênes. Sa voisine s'appelle «le Griffon d'Or», suivie de «l'Homme Sauvage» et de «Petite Montage de Blaireau/Clé». Grande et petite «Montagne de Vandoise» complètent la ronde qui transmet un peu de l'atmosphère du temps où Francfort passait pour un bijou de l'architecture médiévale.

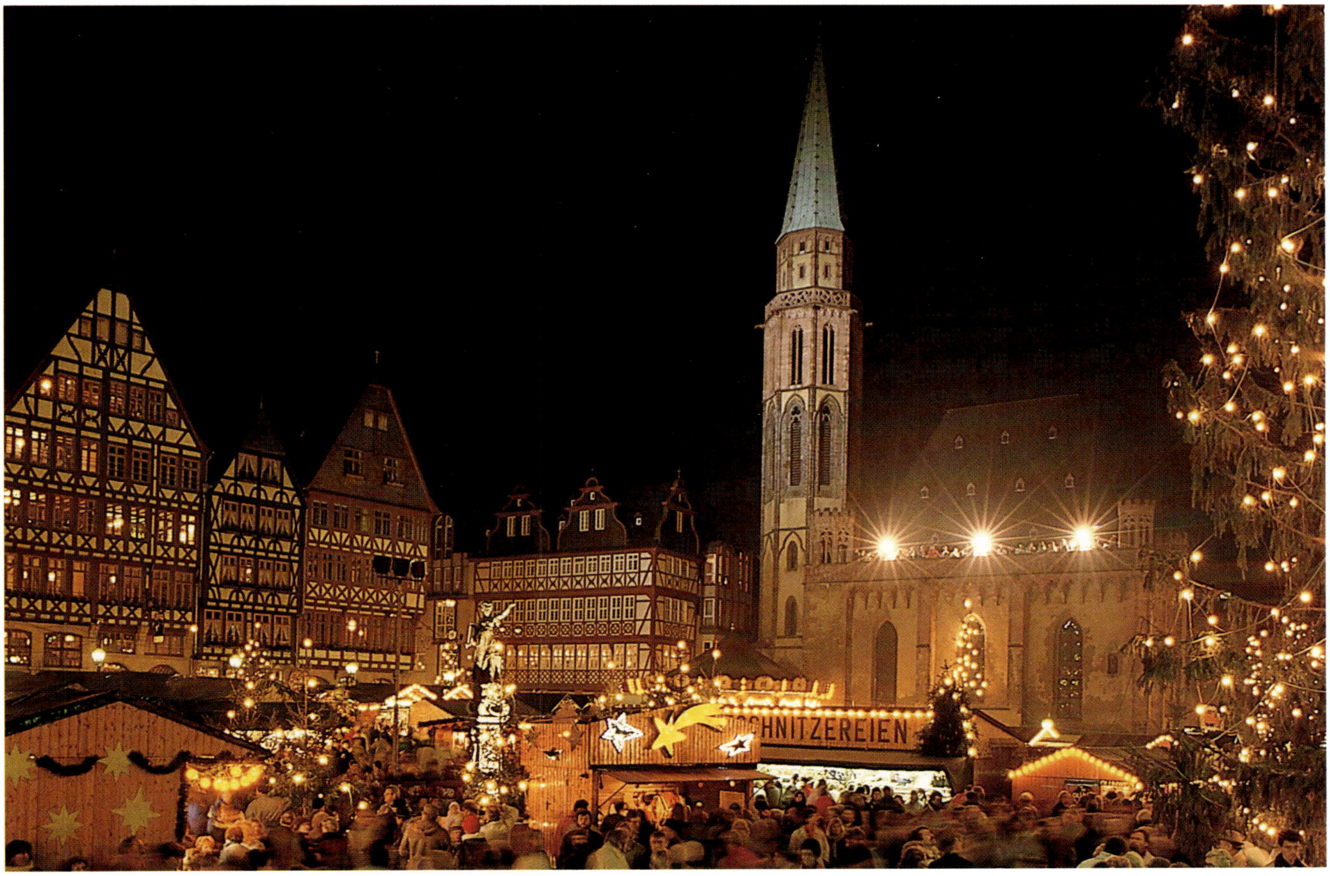

Köpfe und Taler rollen auf diesem Platz keine mehr. Dennoch ist der Römerberg für die Frankfurter allemal die „Gut Stubb" geblieben. Er überrascht mit ständig wechselndem Programm; Blumenmarkt, Fassenachts-Rummel oder Kundgebungen ziehen das ganze Jahr über die Menschen an. Gemütliche Cafes und Gaststätten rund um den Römer laden dazu ein, die romantische Kulisse zu genießen. Eine besondere Attraktion ist der Weihnachtsmarkt: An den hölzernen Verkaufsbuden findet man viele Frankfurter Spezialitäten wie etwa die „Quetschemänncher" oder die „Bethmännchen" aus Marzipan. Aus dem abendlichen Lichtermeer ragt die Nikolaikirche stolz heraus. Der Bau aus dem 13. Jh. ist nicht nur bemerkenswert, weil sein Turm einen romanischen Fuß und einen gotischen Bauch hat. Dreimal täglich erklingt hier auch das Glockenspiel – allerdings erst seit 1939.

Heads and Thalers no longer roll here. Nevertheless, Römerberg has remained a showpiece for the people of Frankfurt. It surprises one with the constant variety of events: flower market, Carnival activities or rallies attract hundreds of people over the entire year. Cosy cafés and restaurants all around Römer are inviting spots to enjoy the romantic setting at one's leisure. The Christmas market is a special attraction: The wooden stands sell many Frankfurt specialities, such as "Quetschemännchen" or "Bethmännchen" made of marzipan. The Nikolai Church stands out proudly in the sea of evening lights. The edifice from the 13th century is not only remarkable because its tower has a Romanic base and a Gothic midsection. Chimes peal three times a day here – only since 1939, however.

Les têtes et les thalers ne roulent plus sur cette place. Le Römer, cependant, est resté la «Gut Stubb» pour les habitants de la ville. Il surprend par la variété de ses activités: marché aux fleurs, bousculade du Mardi Gras ou manifestations. Toute l'année, il attire des centaines de personnes. De charmants cafés et restaurants invitent à jouir du décor tout en se délassant. Le marché de Noël est une attraction particulière. Dans les stands de bois l'on trouve de nombreuses spécialités de la ville comme les «Quetschemännchen» ou les «Bethmännchen» de massepain. La Nikolaikirche dépasse fièrement au-dessus de cette mer de lumière. L'édifice du 13e siècle est remarquable. Sa tour, entre autres, a un pied roman et un ventre gothique. Trois fois par jour sonne ici un carillon – il n'existe que depuis 1939.

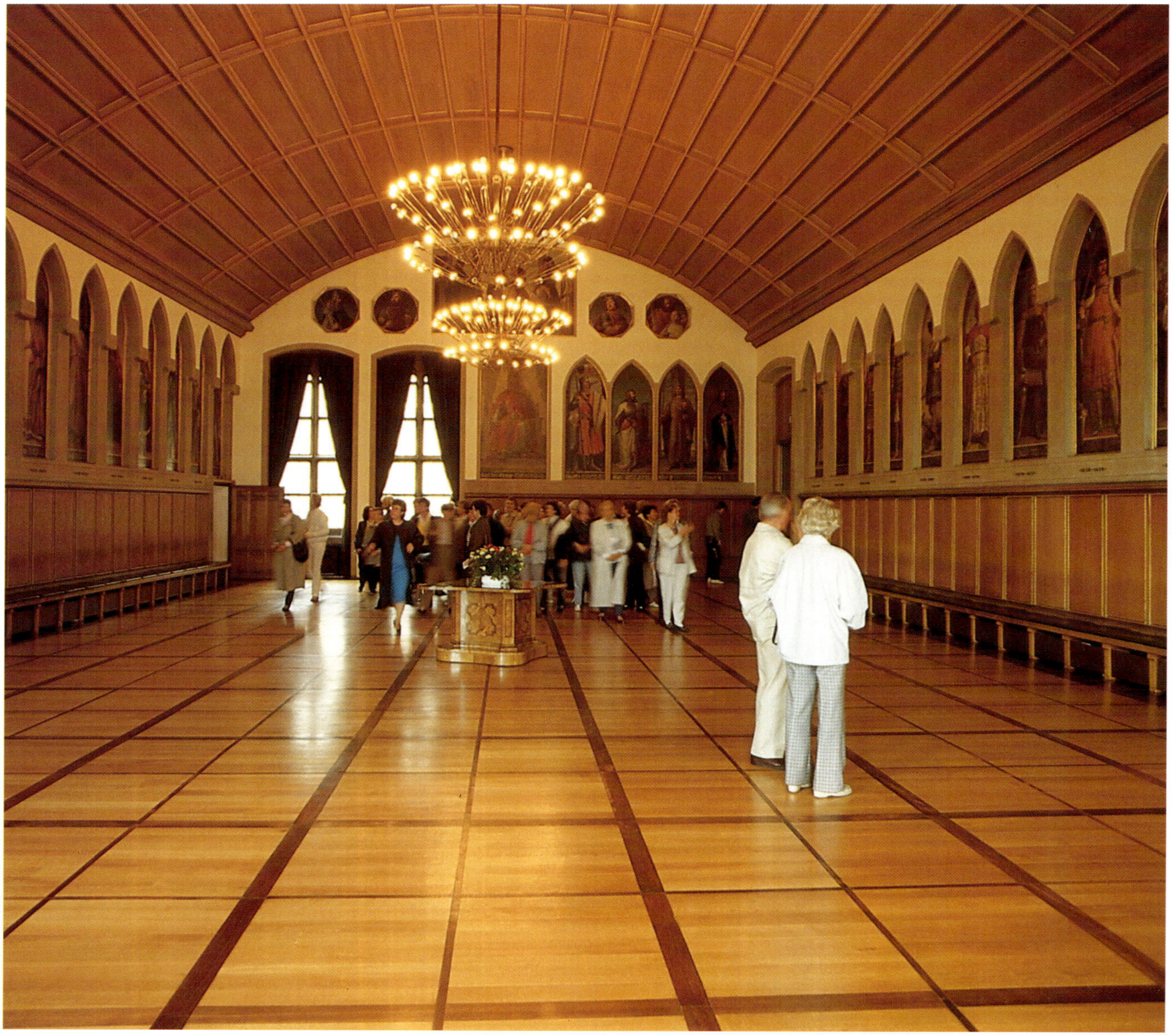

Der Kaisersaal diente ehemals festlichen Krönungsbanketten. In den Wandnischen erinnern Porträts an die insgesamt 52 gekrönten Häupter, die sich hier vom Balkon aus dem Volk zu zeigen pflegten. Der letzte Kaiser, dem in diesen Räumen sein Krönungsmahl bereitet wurde, war der junge Habsburger Franz II. Als er 1792 den Thron bestieg, war das Ende des Heiligen Reiches Deutscher Nation schon vorgezeichnet.

The Imperial Room accommodated festive coronation banquets. Portraits in the wall niches recall the, altogether, 52 crowned heads of state who used to present themselves to people from the balcony here. The last Kaiser whose coronation meal was prepared in these rooms was the Habsburg Franz II. When he ascended to the throne in 1792, the end of the Holy Empire of the German Nation was already marked out.

La salle de l'empereur servait aux festivités du couronnement. Dans les niches des murs, les portraits rappellent les 52 têtes couronnées qui, du balcon, se présentèrent au peuple. Le dernier empereur pour qui fut préparé ici le repas du couronnement était le jeune Franz II de Habsburg. Lorsqu'il monta sur le trône, en 1792, le Saint Empire Romain Germanique portait déjà les signes de sa chute.

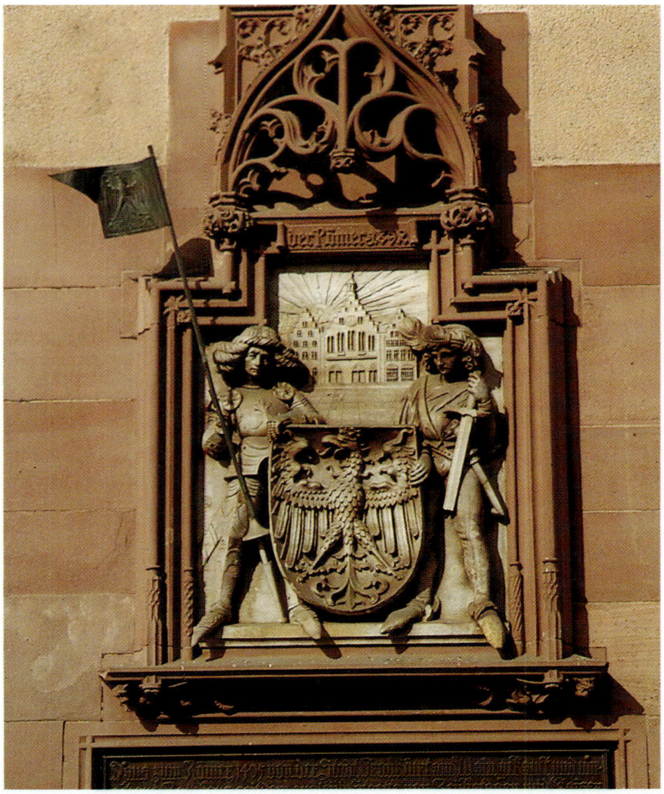

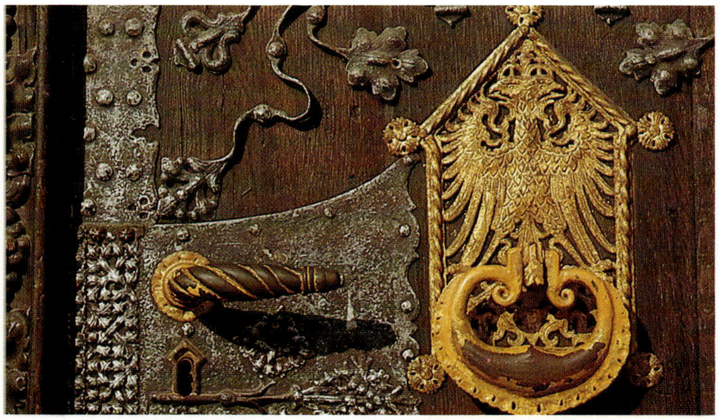

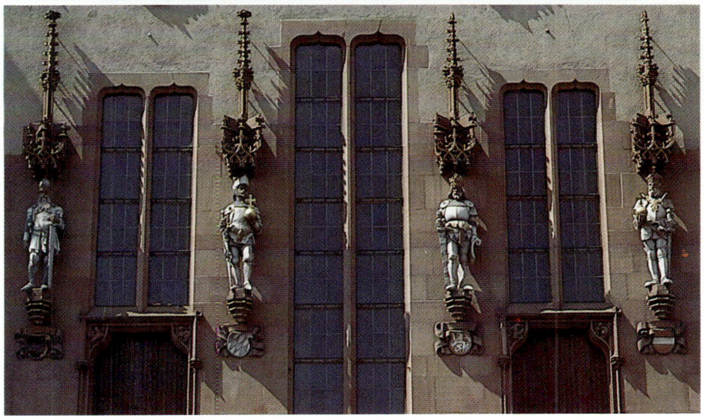

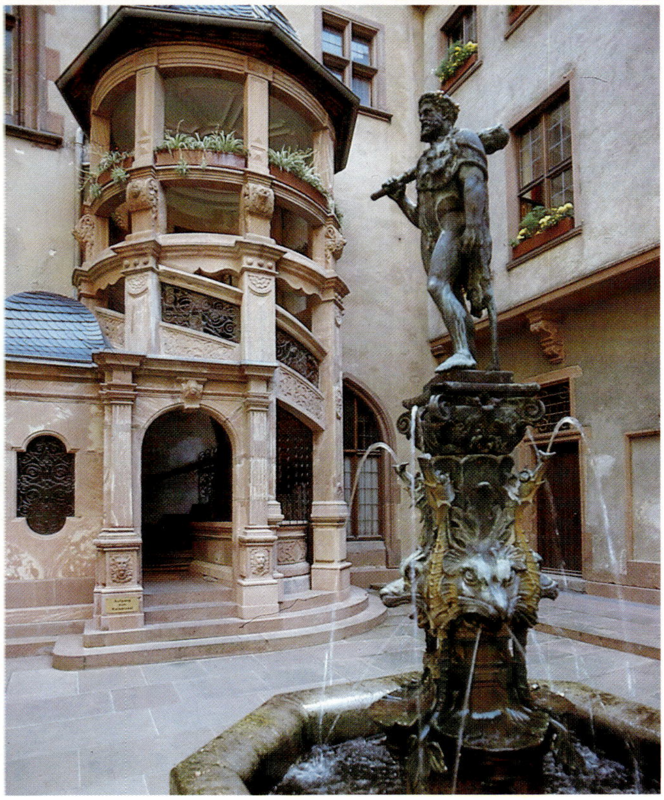

Beim Besuch des Römers lohnt sich der Blick aufs Detail. So entpuppen sich die vier Giebelfiguren über dem Römer-Balkon als das Kaiserquartett Friedrich Barbarossa, Ludwig den Bayern, Karl IV. und Maximilian II (links unten). Von wunderbarer Handwerkskunst zeugen auch Klinke und Klopfer an der Flügeltür zur Hochzeitstreppe. Und im „Römerhöfchen" ein Herkules: Der Brunnen mit Bronzestatuette wurde 1904 von Josef Kowarzik geschaffen.

When visiting "Römer", a view to details is worthwhile. The four gable figures above the Römer balcony, for example, turn out to be the Kaiser quartet of Friedrich Barbarossa, Ludwig the Bavarian, Charles IV and Maximilian II (left bottom). The door handle and knocker on the double door to the wedding stairs also display marvelous craftsmanship. And in the "little Römer courtyard" Hercules awaits: The fountain with bronze statuette was created by Josef Kowarzik in 1904.

Lors d'une visite au Römer, on s'attachera aux détails. Ainsi les quatre personnages du pignon, au-dessus du balcon, sont les quatre empereurs, Frédéric Barberousse, Louis le Bavarois, Charles IV et Maximilien II (en bas à gauche). Le loquet et le heurtoir de la porte donnant sur les «Hochzeitstreppe» sont un merveilleux travail d'artisanat. Dans le «Römerhöfchen» se trouve un Hercule. La fontaine avec statuette de bronze date de 1904. Elle est l'œuvre de Josef Kowarzik.

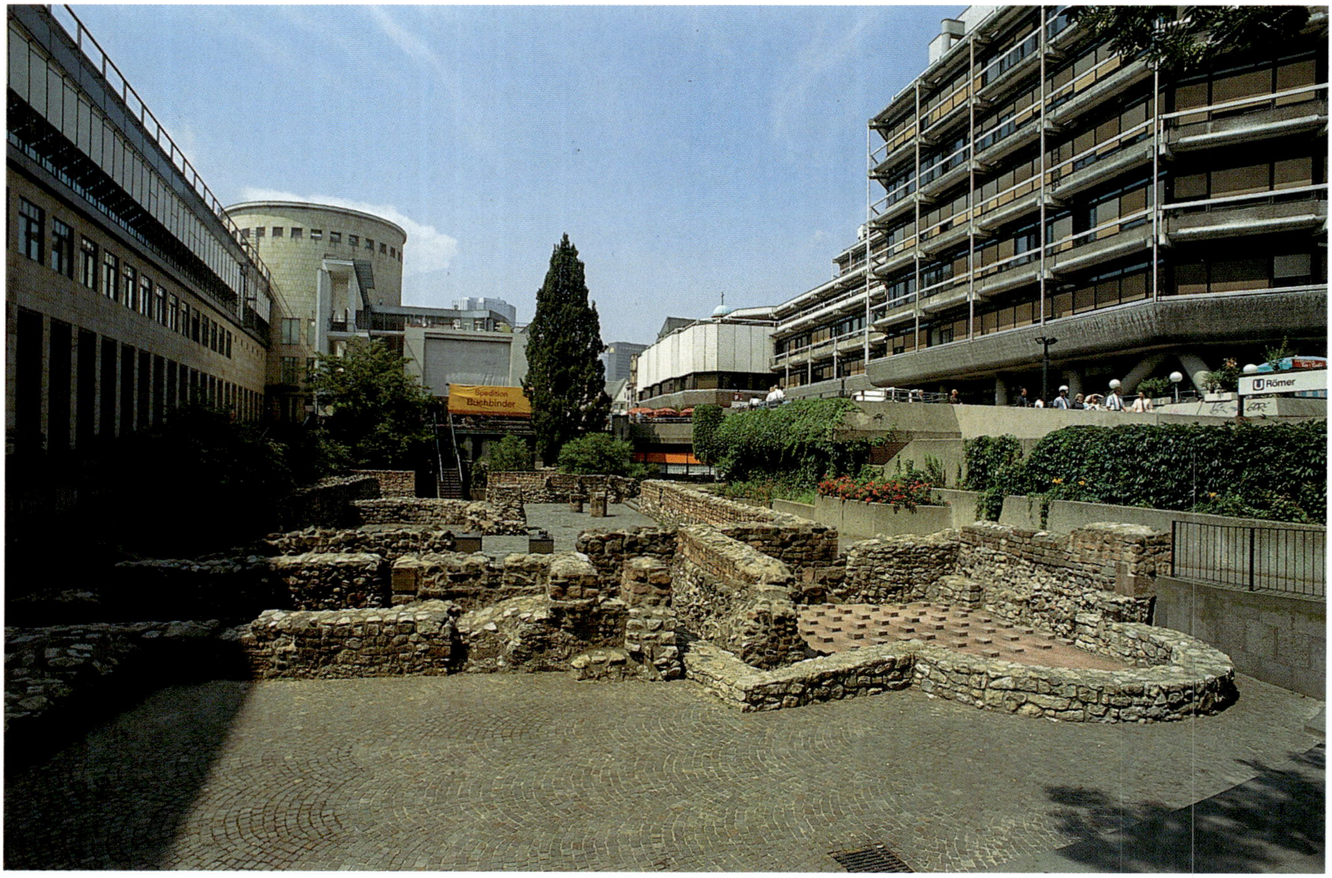

Einen Blick in die Vergangenheit bieten die freigelegten frühzeitlichen Grundmauern vor der Westseite des Doms, dem historischen Kern der Innenstadt. Der Domhügel war einst eine Maininsel, deren Besiedlung seit der Steinzeit nachgewiesen ist. Nicht nur die Römer hinterließen hier ihre Spuren: Ludwig der Fromme plazierte auf dem Hügel seine 822 vollendete Königspfalz, die bis 890 Hauptresidenz des fränkischen Reiches blieb und deren Reste ebenfalls erhalten sind. Der gotische Dom St. Bartholomäus (rechts) geht auf eine karolingische Gründung von 852 zurück. In der „Goldenen Bulle", dem Reichsgrundgesetz von 1356, wurde er zur Wahlkirche der deutschen Kaiser bestimmt. Zu seinen Schätzen zählen der Bartholomäus-Fries aus dem 15. Jahrhundert, das kunstvoll geschnitzte Chorgestühl aus der Mitte des 14. Jahrhunderts und der Maria-Schlaf-Altar (um 1434).

The exposed early foundation walls in front of the west side of the cathedral, the historical core of the city center, offer a view into the past. The cathedral hill was once an island in the Main River whose settlement has been verified since the Stone Age. Not only the Romans left their mark here: Ludwig the Devout placed his royal palace, which was completed in 822, remained main seat of the Franconian Empire until 890 and whose remains are also intact, on the hill. Gothic St. Bartholomew's Cathedral (on right) dates back to its Carolingian Founding in 852. In the "Golden Bull", the imperial constitution of 1356, it was selected as election church of the German Kaisers. Its most valuable treasures include the Bartholomew frieze from the 15th century, the artistically carved choir stalls from the middle of the 14th century and the Maria-Schlaf-Altar (around 1434).

Les excavations devant le côté ouest de la cathédrale permettent de jeter un coup d'œil au passé du noyau historique du centre ville. La colline de la cathédrale était jadis une île du Main, peuplée dès la préhistoire. Les Romains ne laissèrent pas seuls des vestiges: Louis le Pieux construisit son palais impérial, complété en 822, sur la colline. Il demeura la résidence principale des empereurs francs jusqu'en 890 et il en reste encore des vestiges. La cathédrale gothique St. Bartholomäus (à droite) succéda à un édifice carolingien de 852. La «Bulle d'Or», constitution de l'empire datant de 1356, en fit l'église de l'élection de l'empereur. La frise de Bartholomäus de 15e siècle, les stalles sculptées du chœur, du milieu du 14e siècle et l'autel du sommeil de Marie (vers 1434) comptent parmi ses nombreux trésors.

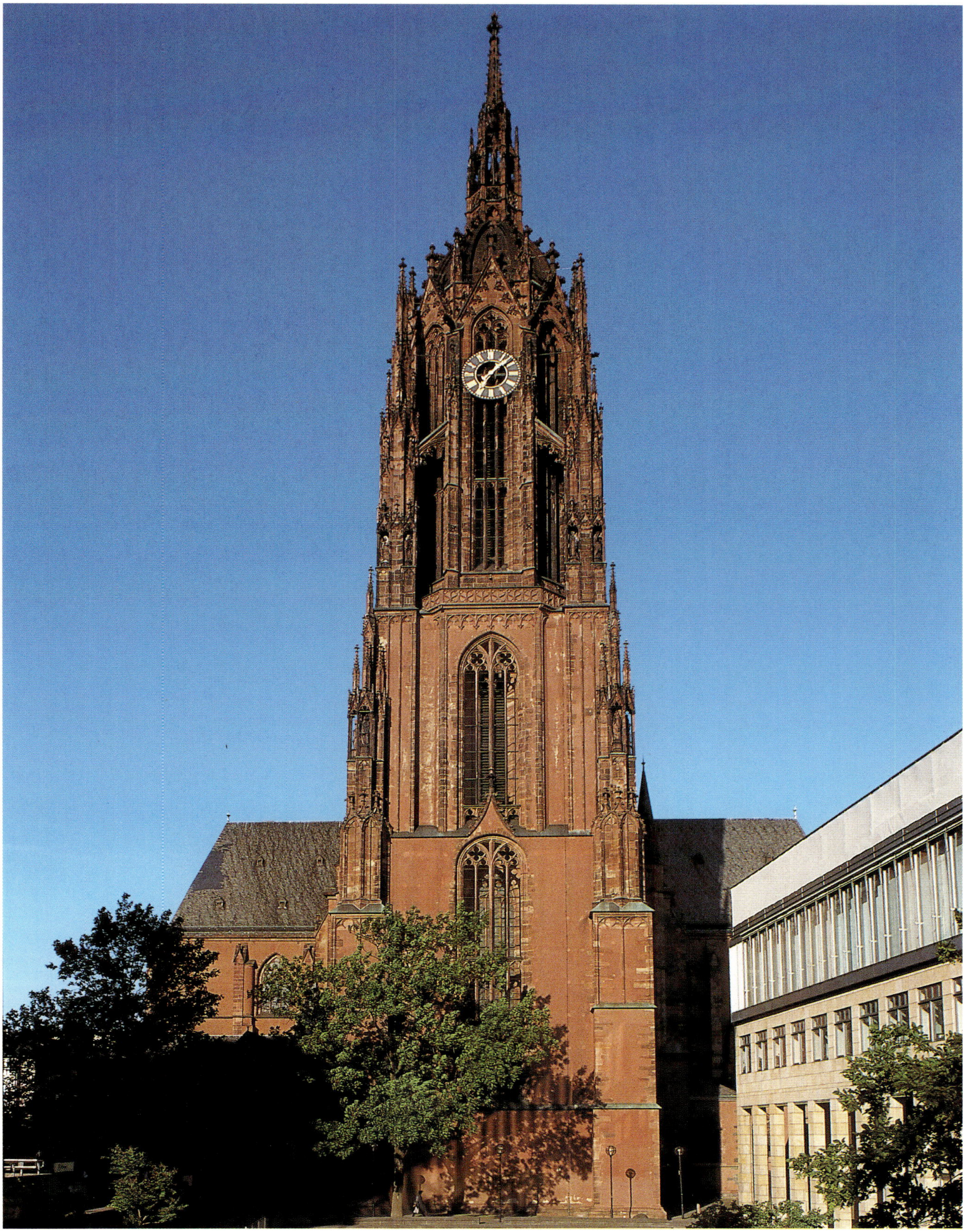

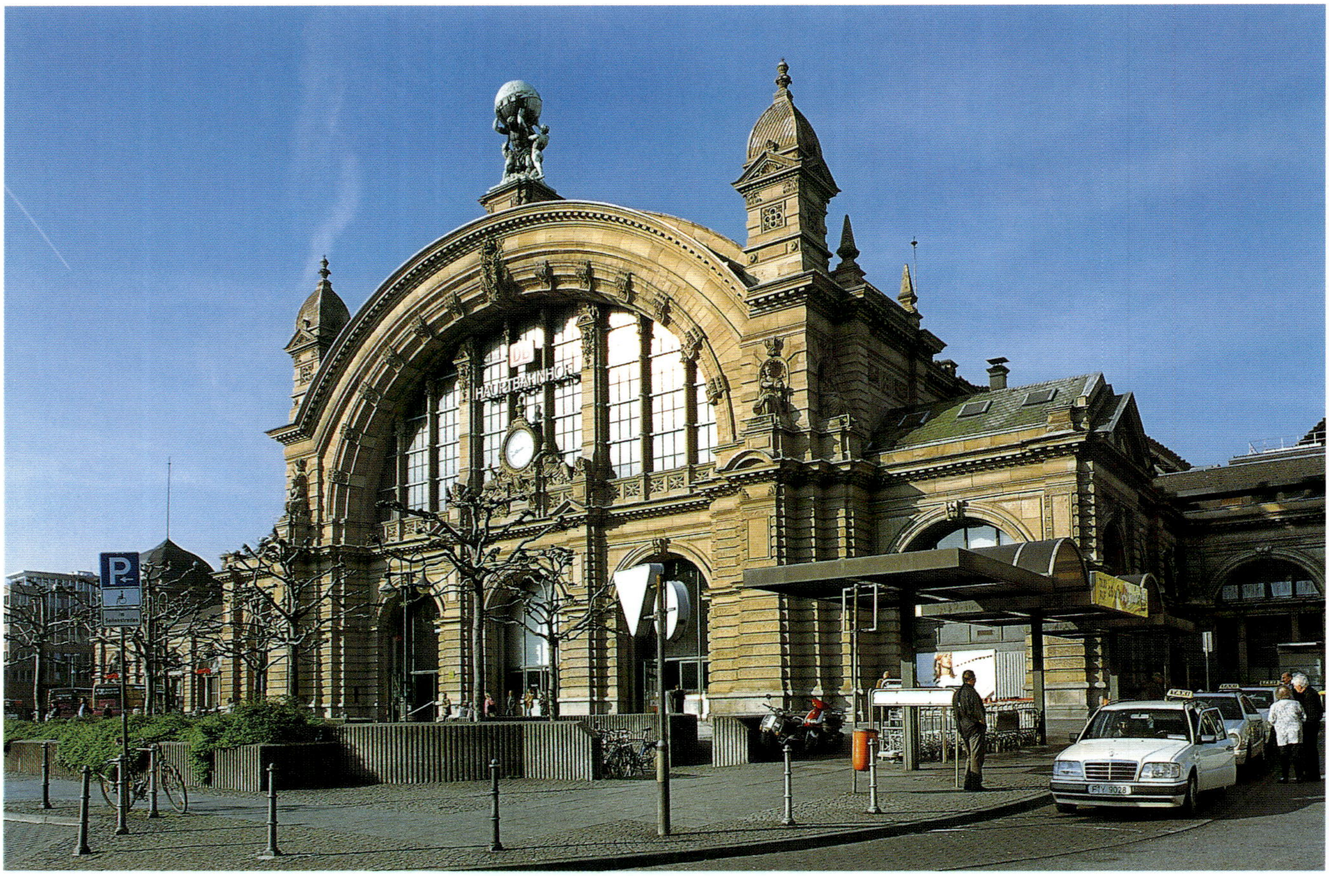

Am Puls der Zeit

Als in der Nacht zum 18. August 1888 zwölfhundert Arbeiter die letzten Gleise des neuen Frankfurter Hauptbahnhofes verlegten, konnten sie nicht ahnen, daß er einmal Drehscheibe des deutschen Eisenbahnsystems werden würde. Wo noch zu Napoleons Zeiten eine Hinrichtungsstätte lag, entstand nach einem Entwurf von Heinrich Eggert in fünfjähriger Bauzeit der zweitgrößte deutsche Bahnhof nach Leipzig. Ein Juwel der Gründerjahre zudem: Auf der Empfangshalle thront eine gigantische Atlasgruppe mit der Weltkugel, über der Uhr ist der 20 Zentner schwere steinerne Adler aus der Kaiserzeit angebracht. Auf dem zentralen Kopfbahnhof verkehren täglich etwa 2200 Züge, die insgesamt rund 250 000 Reisende befördern.

When 1200 workers laid the last rails of the new Franfurt railway station during the night from August 17 to 18, 1888, they could not guess that it would later become the pivotal point of Germany's railway system. Germany's second largest railway station after Leipzig was constructed in five years according to a design by Heinrich Eggert at the site where executions were carried out at Napoleon's time. And a gem of Germany's industrial expansion period as well: A colossal Atlas group with the globe thrones over the reception hall, the stone eagle from the Kaiser period weighing a ton is mounted above the clock. About 2200 trains carrying a total of roughly 250,000 travellers operate daily at the central terminus station.

Lorsque dans la nuit du 18 août 1888, douze cents travailleurs posèrent les derniers rails de la nouvelle gare centrale de Francfort, ils ne pouvaient pas deviner qu'elle deviendrait, un jour, la plaque tournante du système ferroviaire allemand. Là où se trouvait encore, sous Napoléon, un lieu d'exécution, fut construite, en cinq ans, d'après les plans d'Heinrich Eggert, la gare la plus grande d'Allemagne après celle de Leipzig. C'est un bijou du style des fondateurs. Dans le hall d'entrée trône le gigantesque groupe d'Atlas avec le globe terrestre. Au-dessus de l'horloge se trouve l'aigle de pierre pesant 20 quintaux. Dans cette tête de ligne du réseau circulent, chaque jour, env. 2200 trains qui transportent près de 250 000 voyageurs.

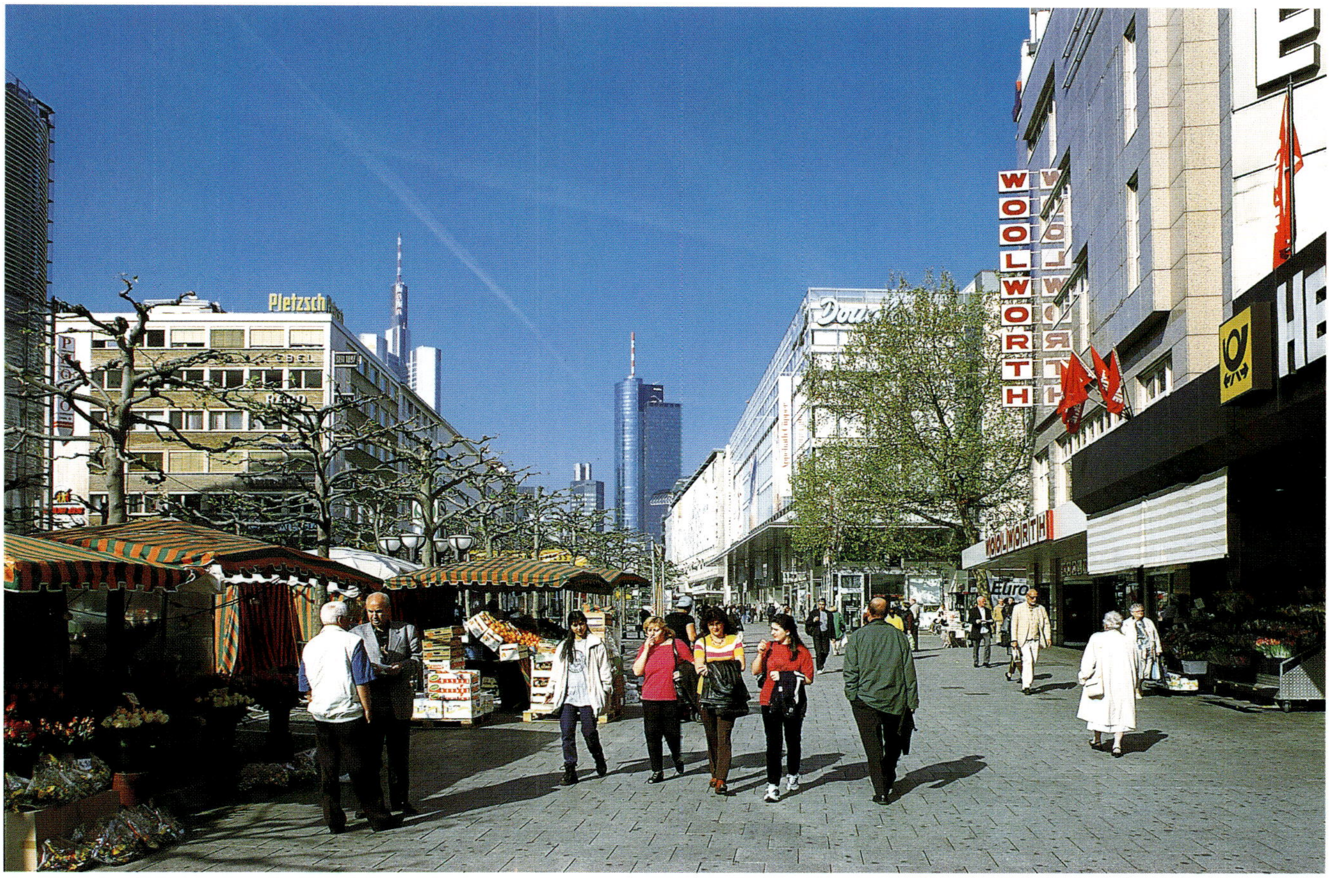

Eine Attraktion ist die Zeil schon gewesen, als hier Mitte des 16. Jahrhunderts Rindermarkt abgehalten wurde. Später folgten vornehme Gasthäuser und Tanzhallen, die der 1330 entstandenen Häuserzeile zu erster Berühmtheit verhalfen: 1632 nahm sie Matthäus Merian bereits in die Chronik seiner „Topographia" auf. Im 19. Jahrhundert zog die Zeil Läden und Kaufhäuser an, und heute hält eine enge Kette von Warenhäusern, Einzelhandelsgeschäften und Spezialitätenpavillons ihren Ruf als „umsatzstärkste Meile Deutschlands" in Schwung. Auf 1100 Metern Länge und 40 Metern Breite können die Fußgänger seit 1973 fern vom Verkehr nach Herzenslust flanieren.

"Die Zeil" was already an attraction when a cattle market was held here in the middle of the 16th century. Later the fashionable taverns and dance halls followed, helping the row of houses dating from 1330 to gain its first fame: In 1632 Matthäus Merian included its in the chronicle of his "Topographia". In the 19th century "Die Zeil" attracted shops and department stores, and today a chain of stores and speciality pavilions maintains its reputation as "Germany's highest selling-mile". Since 1973 pedestrians have been able to stroll to their heart's content far from traffic along a 1100-meter-long and 40-meter-broad pavement.

La Zeil était déjà une attraction lorsqu'au milieu du 16e siècle s'y trouvait un marché pour les bœufs. Plus tard suivirent des auberges et halls de dance distingués qui rendirent célèbre cette rangée de maisons datant de 1330: en 1632, Matthäus Merian l'inclut dans la chronique de sa «Topographia». Au 19e siècle, la Zeil attira les commerces et, aujourd'hui, une chaîne de magasins et de boutiques spécialisées entretiennent sa réputation de «mille qui rapporte le plus d'Allemagne». Sur 1100 m de long et 40 m de large, les piétons peuvent flâner, depuis 1973, tout à leur aise, loin de la circulation automobile.

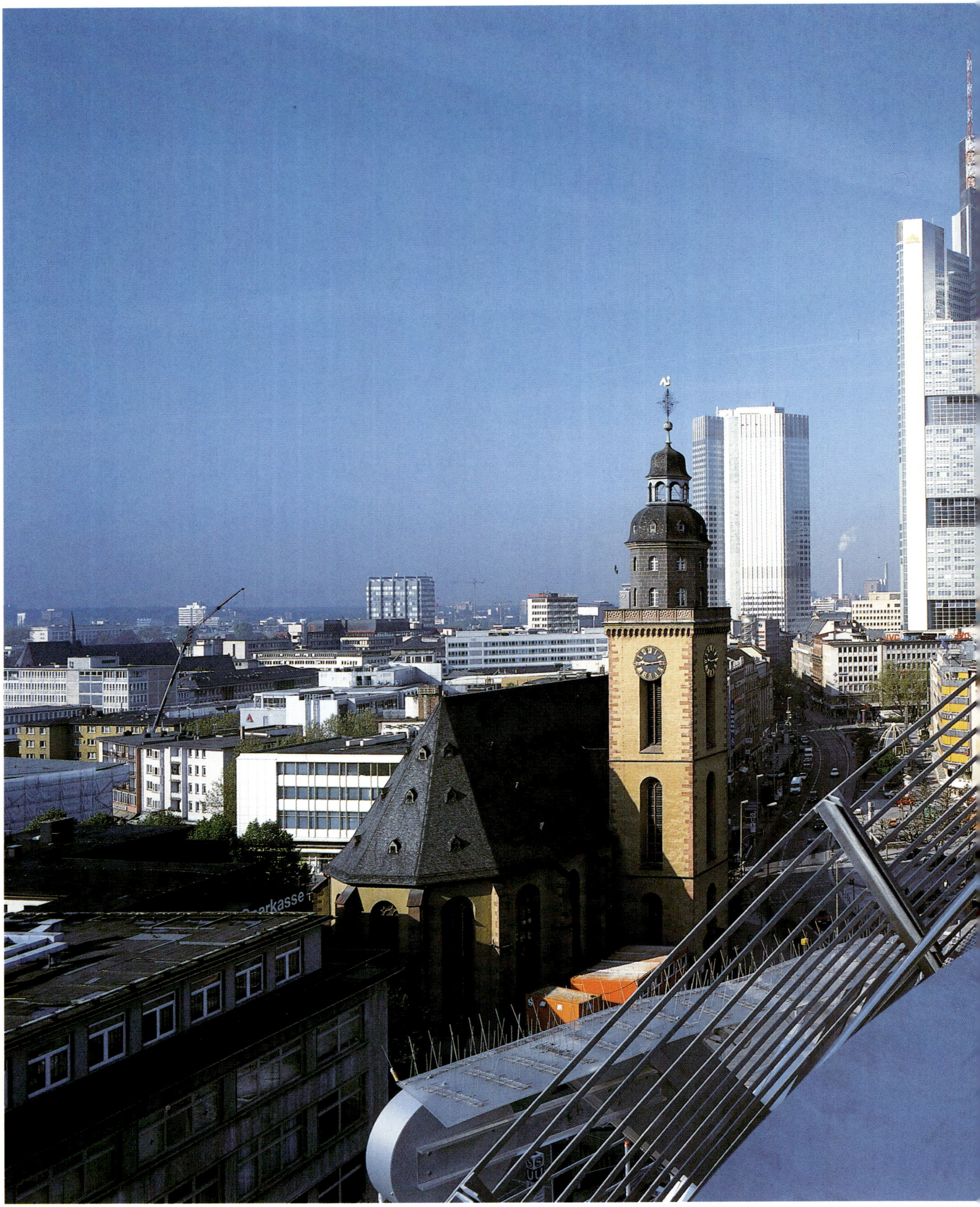

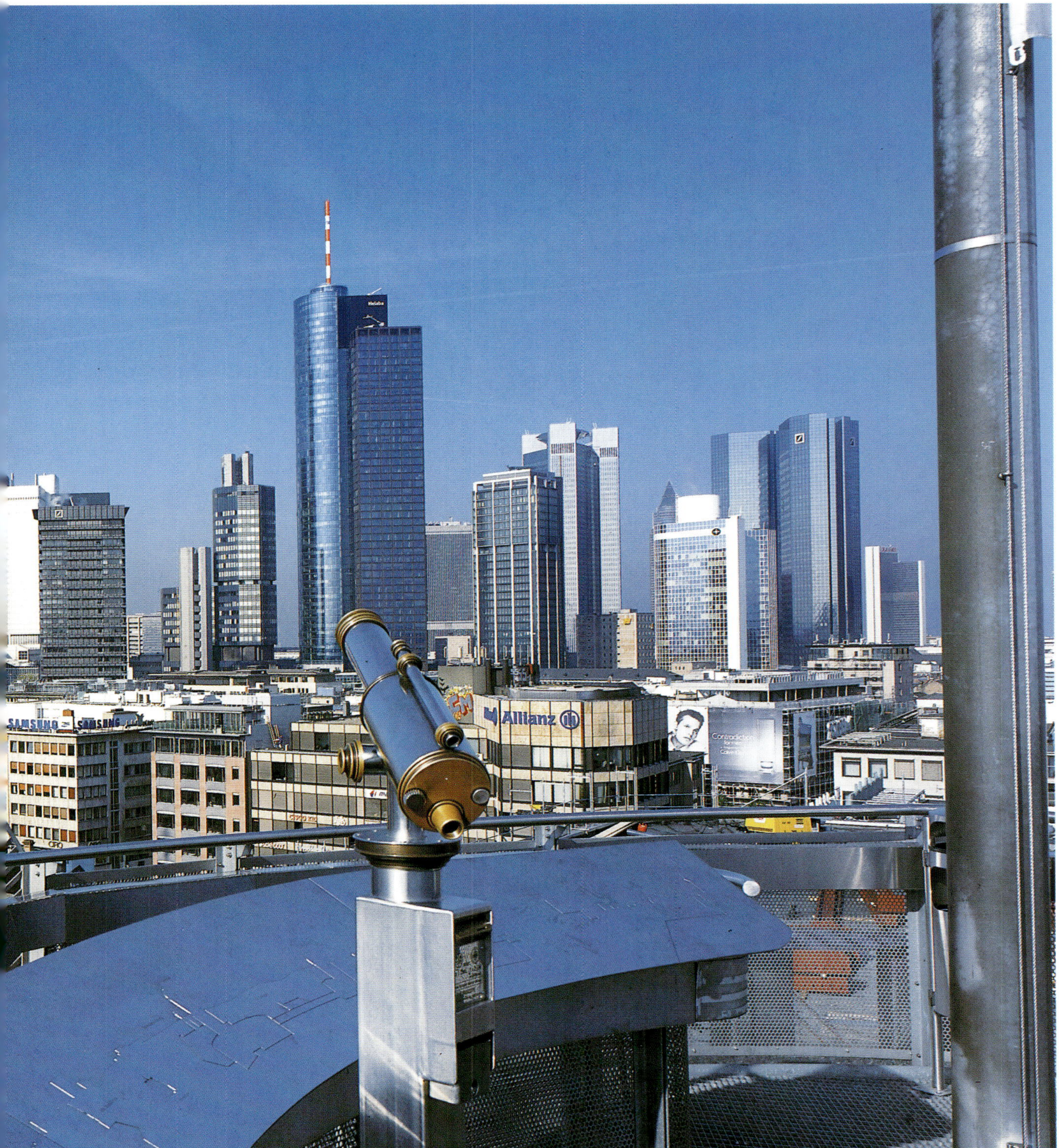
SAMSUNG
Allianz

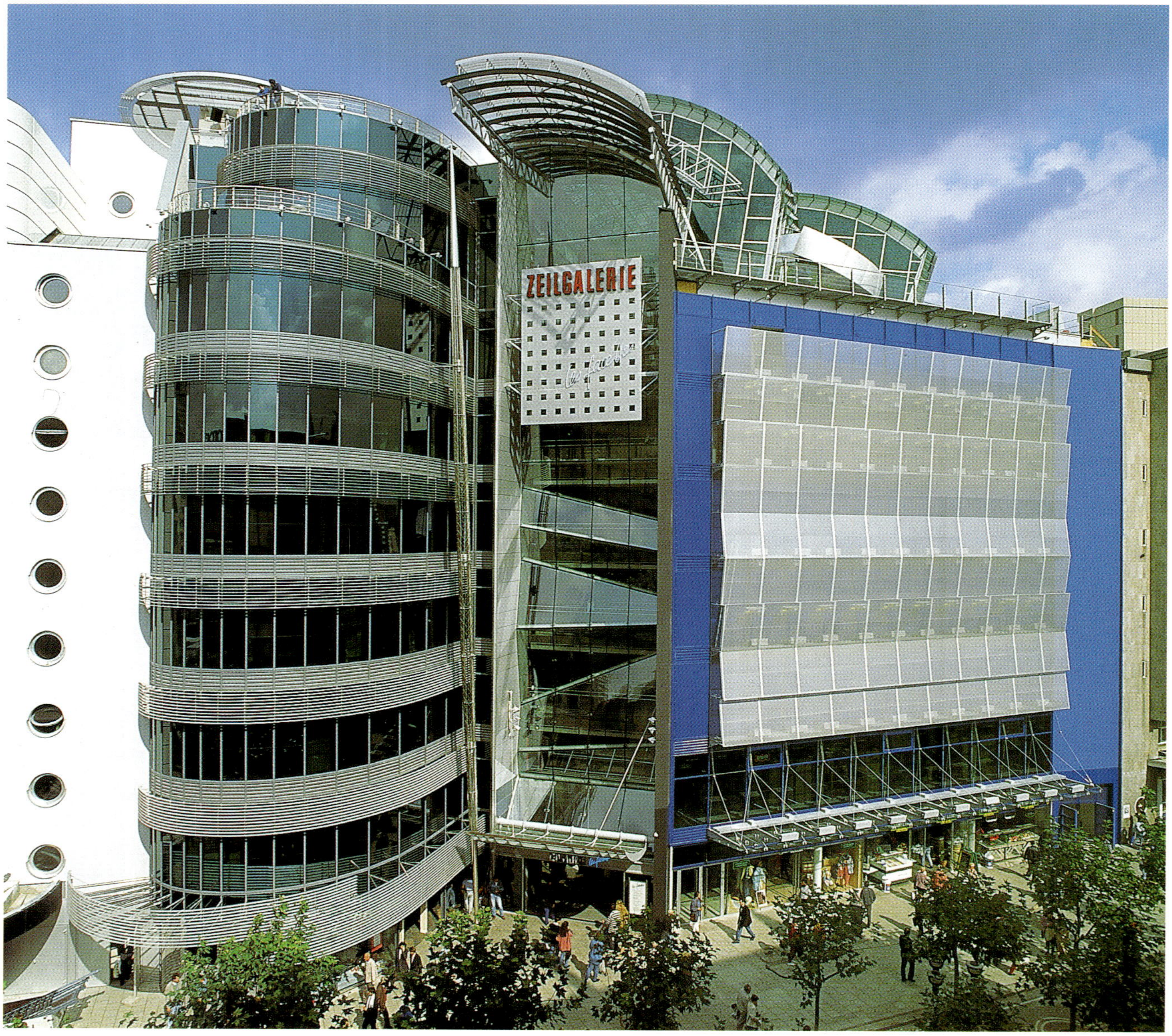

Ein Einkaufstempel aus Glas ist seit 1992 der Stolz der Stadt: die Zeilgalerie „les facettes“, geschaffen vom Darmstädter Architekt Rüdiger Kramm. Daß man von hier aus einen herrlichen Ausblick auf Frankfurt genießen kann (vorhergehende Doppelseite), ist dabei nur Nebensache. Die Hauptrolle spielen alle mit Lust am Shopping – und deren Portemonnaie auch schon mal etwas lockerer in der

A glass shopping arcade has been the pride of the city since 1992: the Zeilgalerie "les facettes", created by Darmstadt architect Rüdiger Kramm. The fact that you are offered a marvelous view of Frankfurt from here (see previous double page) is only secondary. The main role is played by all those who enjoy shopping and are not hesitant about pulling out their wallet. The people who come to the

Véritable temple de verre des emplettes, les Zeilgaleries «les facettes», conçues par l'architecte de Darmstadt Rüdiger Kramm, font la fierté de la ville. Le fait qu'on y jouisse d'une très belle vue sur Francfort est secondaire. Le premier rôle revient à tous les passionnés de shopping et à leur portemonnaie, si celui-ci n'est pas trop récalcitrant. Qui se rend aux galeries veut se balader et ceci de la façon la

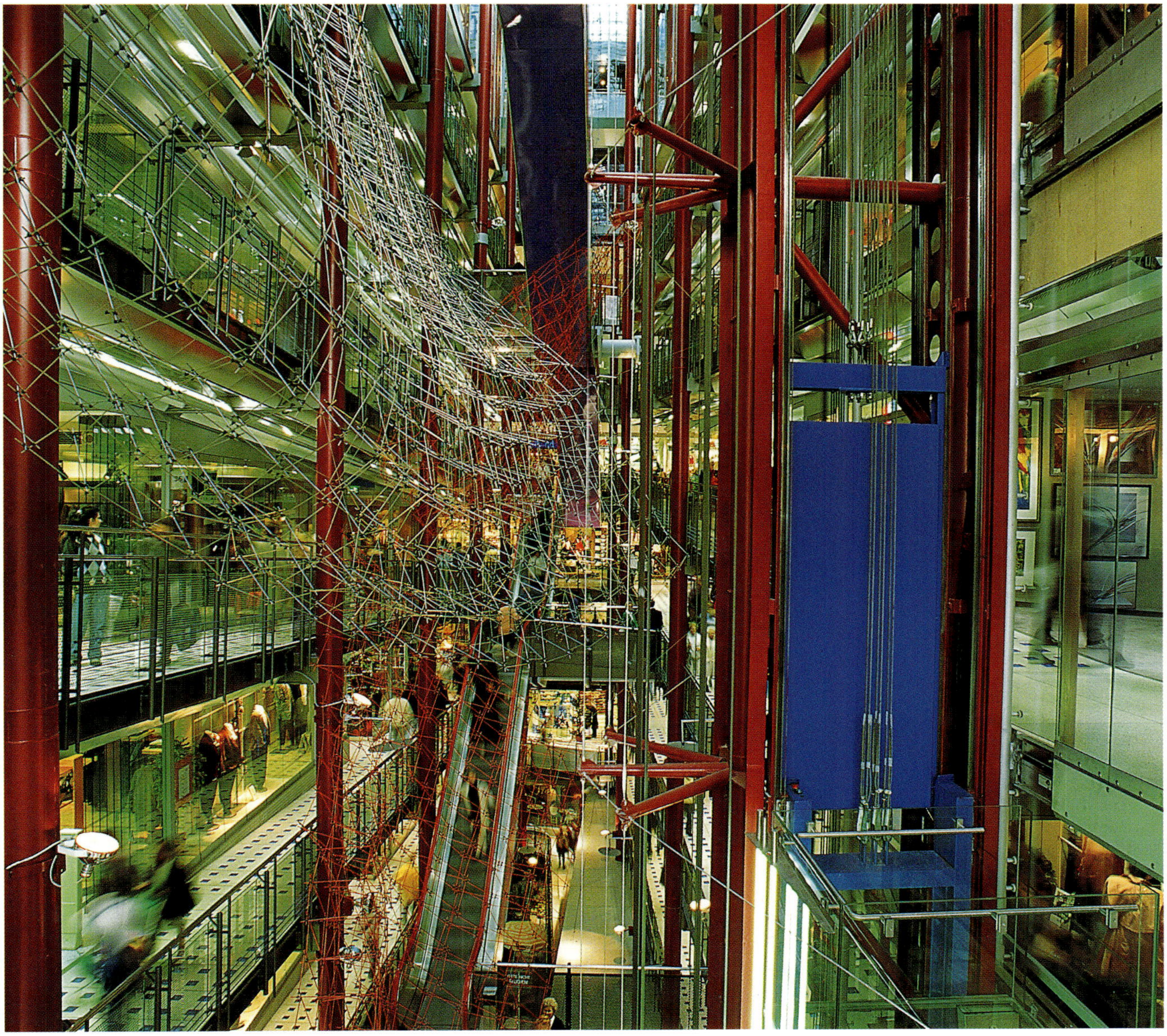

Tasche sitzt. Wer die Galerie besucht, will bummeln, und zwar auf die angenehmste Weise: wetterunabhängig und ohne ins Stolpern zu geraten. Der aufwendige Lichthof ist umgeben von einer geneigten Rampe, an der sich die Geschäfte auf insgesamt 700 Metern Länge aneinanderreihen. Die Besucher fahren mit der Rolltreppe oder dem Fahrstuhl ins oberste Geschoß und können abwärts flanieren, ohne auch nur eine einzige Stufe zu benutzen.

"Gallery" want to stroll and look around, in the most pleasant way possible: without having to worry about the weather and climbing stairs. The extravagant air well is surrounded by a gradually sloping ramp, along which are lined 700 meters of shops. Visitors can take the escalator or elevator to the top floor and slowly work their way down without having to use any stairs at all.

plus agréable possible, sans dépendre de la température ni trébucher. La cour vitrée dispendieuse est bordée d'une rampe inclinée sur laquelle les magasins se succèdent sur une longueur de 700 mètres. Les clients montent à l'étage supérieur en escalier roulant ou en ascenseur et peuvent flâner en redescendant sans utiliser une seule marche.

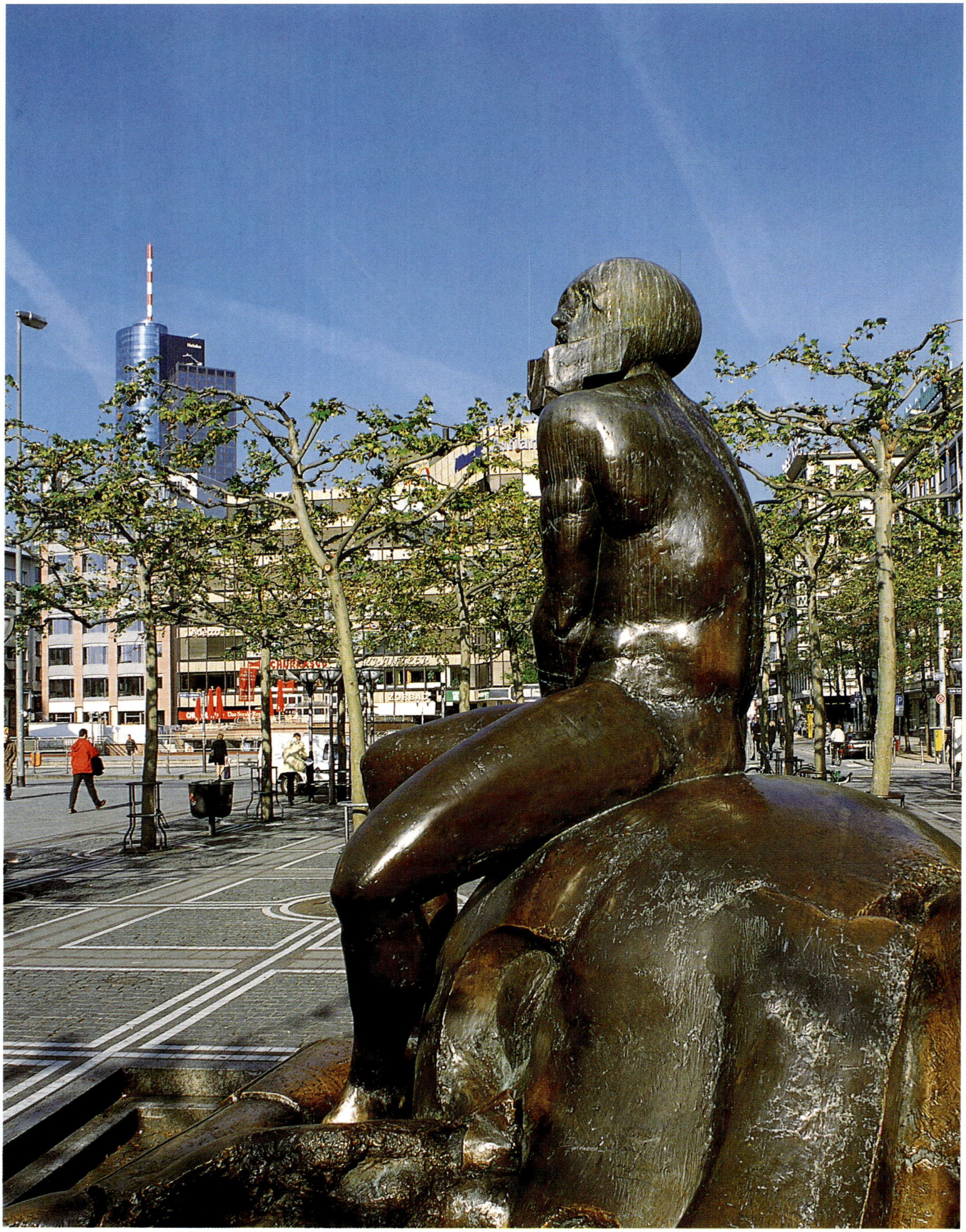

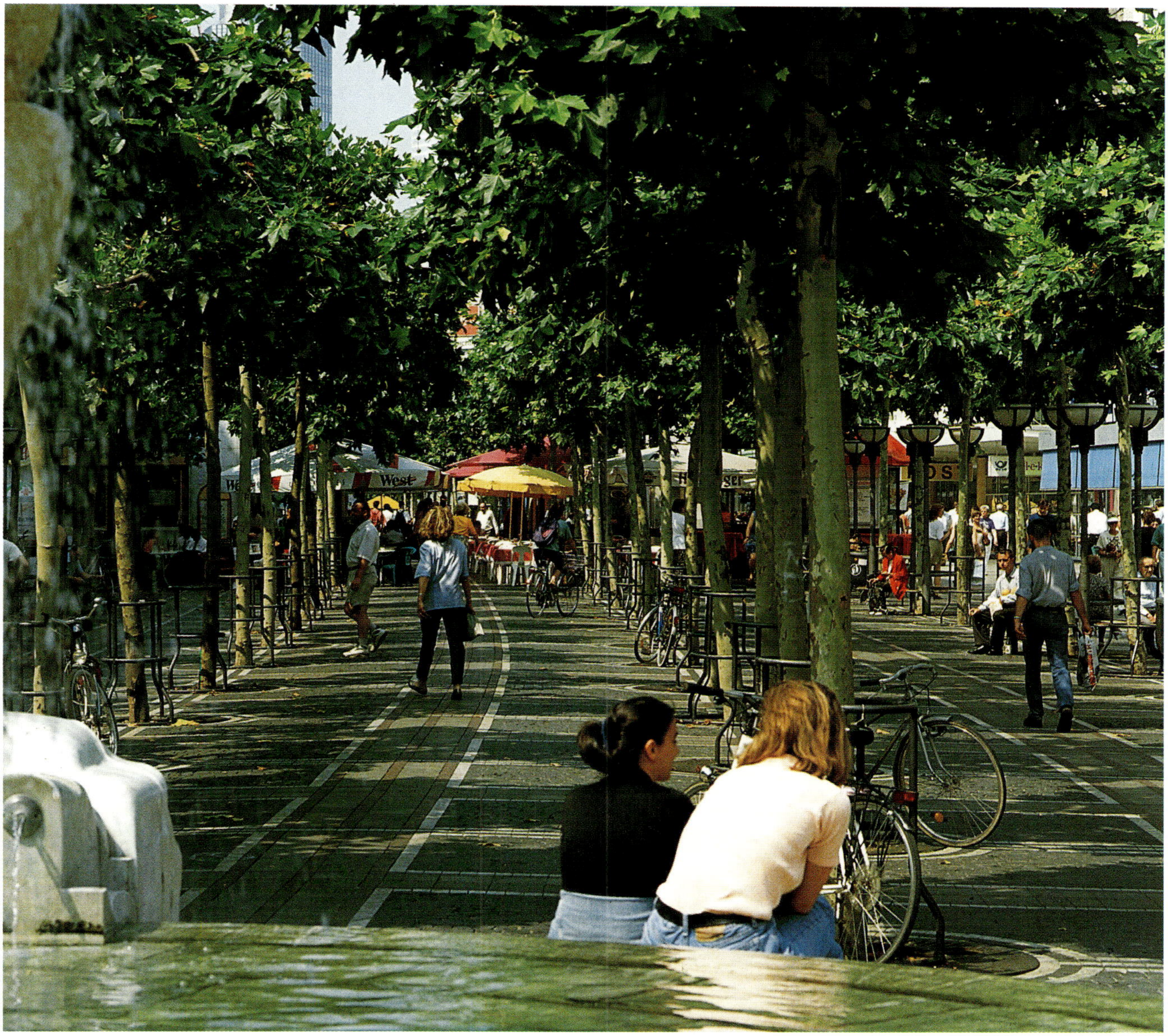

Seit die Zeil im Jahre 1983 umgestaltet worden ist, zieht sie nicht nur Kauf- und Schaulustige an, sondern dient auch als Bühne für Straßenmusikanten, fliegende Händler und Kleinkünstler. Mancher nutzt die Zeil auch einfach nur als Kulisse für eine Ruhepause, wozu die moderne Goliath-Skulptur offenbar besonders einlädt. Der Clou: 400 junge Plantanen, die man in Frankfurts Shopping-Herz pflanzte, sorgen für ein grünes Dach, unter dem es sich noch angenehmer bummeln läßt.

Since "die Zeil" was redesigned in 1983, it not only attracts shoppers and onlookers, but also serves as a stage for street musicians, street traders and artists. Some use "die Zeil" simply as the setting for a break, the modern Goliath sculpture seems to be especially inviting for the purpose. The trick: 400 young plane trees that were planted in Frankfurt's shopping center provide a green roof, which makes it even more pleasurable to stroll around.

Depuis que la Zeil a été transformée, en 1983, elle n'attire plus seulement les acheteurs et les badauds, elle sert aussi de scène pour les musiciens ambulants, les marchands et artistes des rues. Beaucoup utilisent la Zeil simplement pour se reposer, ce à quoi la sculpture de Goliath semble particulièrement propice. Le clou: 400 jeunes platanes que l'on a plantés dans le quartier des magasins de Francfort, forment un toit vert sous lequel il est encore plus agréable de flâner.

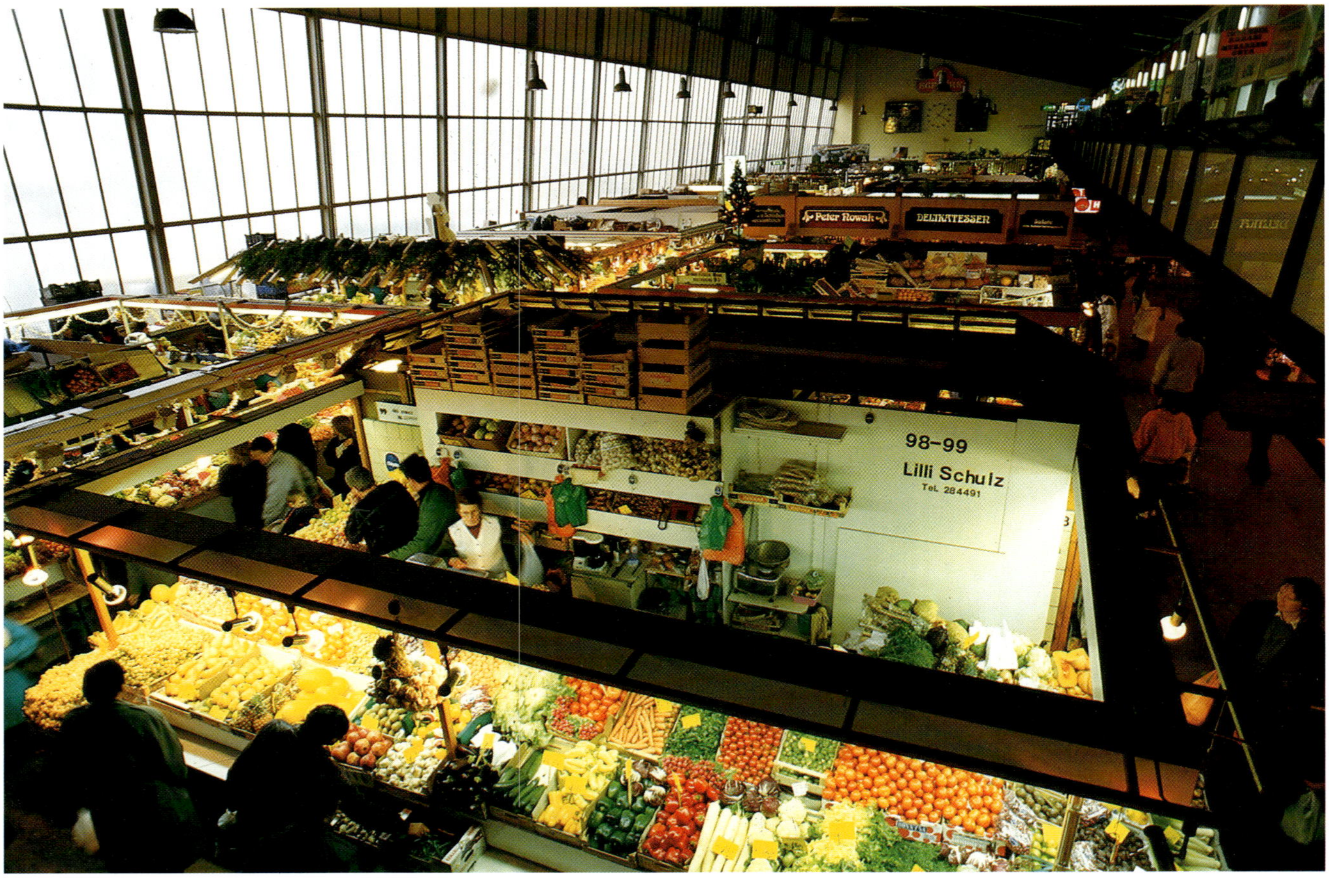

Unweit der Zeil liegt die Kleinmarkthalle, in der eine Fülle von Obst, Gemüse und Gewürzen, aber auch Käse-, Fleisch- und Wurstspezialitäten aus aller Welt angeboten werden. Das 100 Meter lange Frischwaren-Paradies hat schon im Jahre 1879 um kaufkräftige Kunden geworben. Nach Kriegszerstörung wurde es während der 50er Jahre in moderner Form wieder aufgebaut. Während hier der private Verbraucher zu den üblichen Geschäftszeiten seinen Einkaufskorb schwenkt, versorgen sich die hessischen Händler in der vergleichsweise gigantischen Großmarkthalle mit Frischgemüse und Obst. Sie bedeckt eine Fläche von 18 Fußballfeldern.

Not far from "die Zeil" is the Small Market Hall, in which an abundance of fruit, vegetables and spices as well as cheese, meat and sausage specialities are offered from all over the world. The 100-meter-long fresh food paradise was already trying to attract customers with money to spend in 1879. After its destruction during the war it was rebuilt in modern form in the 50s. While the private customer swings his shopping basket during normal business hours, the Hessian shopkeepers obtain their supply of fresh vegetables and fruit in the relatively huge Large Market Hall. It covers an area of 18 soccer fields.

Non loin de la Zeil se trouve le Kleinmarkthalle dans lequel sont vendus une grande abondance de fruits, de légumes et d'épices mais aussi de fromages, de viandes et de charcuteries du monde entier. Ce paradis des produits frais est long de 100 m et en existence depuis 1879. Il fut détruit pendant la guerre et reconstruit dans les années 50 sous une forme plus moderne. Tandis que le consommateur privé brandit son sac à provisions aux heures d'affaires, les marchands se ravitaillent en fruits et légumes dans le gigantesque Großmarkthalle. Il couvre la surface de 18 terrains de football.

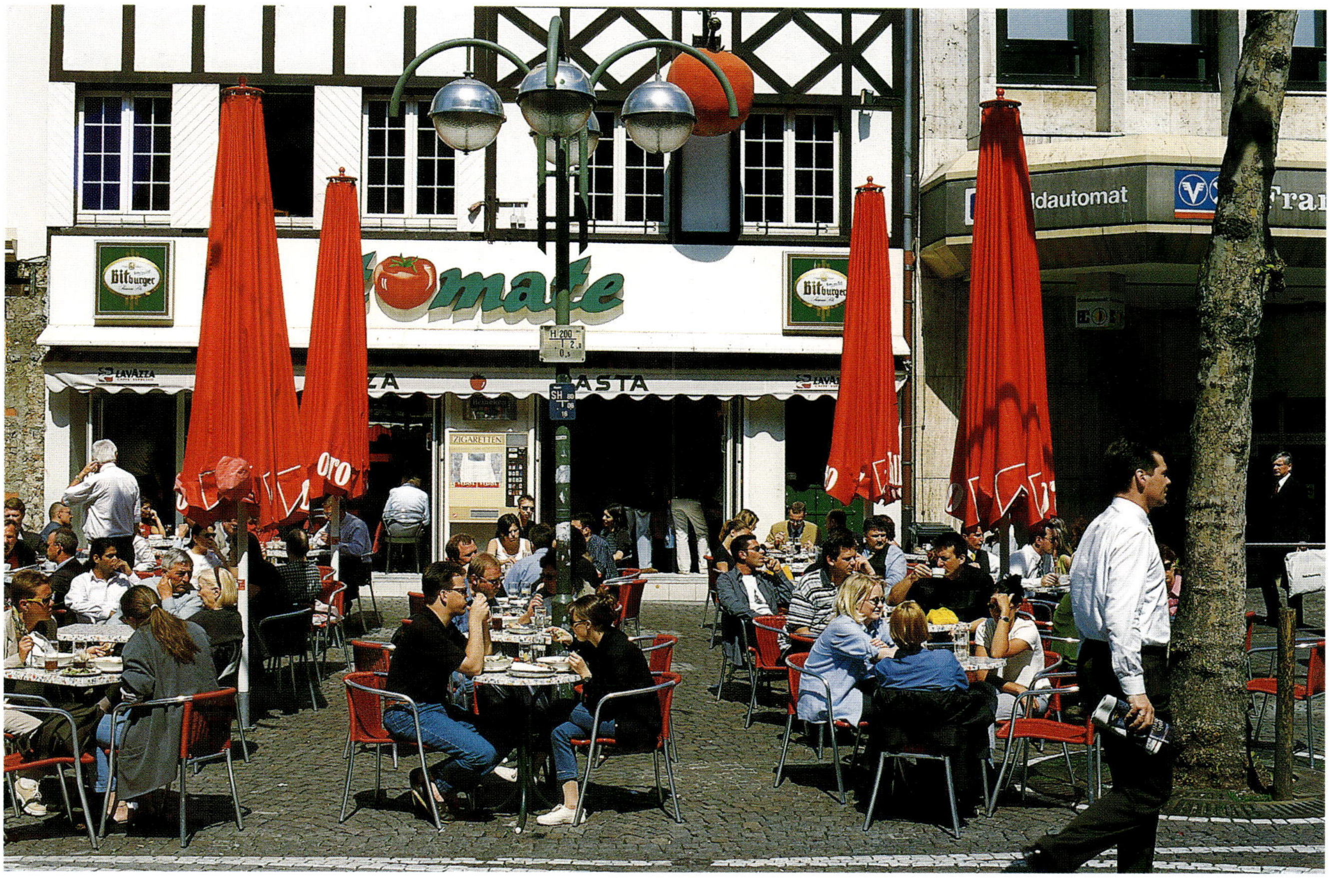

Eigentlich heißt sie „Große Bockenheimer Straße“, aber die Frankfurter nennen sie seit den 20er Jahren nur „Freßgass“. Früher gab es hier einen großen Schweinemarkt, und vor allem die Damen aus dem vornehmen Westend schätzten die reiche Auswahl an Lebensmitteln, die sich ihnen rundherum bot. Zwar hat sich die Freßgass' 1976 in eine Fußgängerzone verwandelt, doch hat sie von ihrer Anziehungskraft nichts eingebüßt. Kneipen, Cafes und Restaurants reihen sich nahtlos aneinander, und vor allem im Sommer rückt man hier die vielen hundert Stühle draußen eng zusammen. Da zischt das Bier ebenso wie die Korken knallen, schwappt der Ebbelwei, duftet der Handkäs' und wird der wohl beliebteste kulinarische Exportschlager serviert: Frankfurter Würstchen.

Actually it is called “Große Bockenheimer Straße”, but the people of Frankfurt have called it simply “Freßgass” (“Grub Lane”) since the 20s. There used to be a big pig market here and particularly the ladies from the fashionable Westend appreciated the rich selection of food offered all around them. “Freßgass” was converted into a pedestrian zone in 1976, but, nevertheless, lost none of its attraction. Delicatessens and food shops, pubs, cafés and restaurants are lined up here one next to the other, and especially in summer the many hundreds of chairs outside are moved close together. Then there is a gurgling of beer, a popping of corks, a sloshing of “Ebbelwei” (cider), the smell of “Handkäs” (a strong smelling round cheese) and probably the most popular culinary export hit is served: Frankfurt sausages.

Elle s'appelle, en fait, la «Große Bokkenheimer Straße» mais les habitants de Francfort ne l'appellent plus, depuis les années 20, que «Freßgass» (rue de la bouffe). Jadis il y avait ici un grand marché aux cochons et surtout les dames du quartier élégant de Westend appréciaient le grand choix de produits alimentaires qui s'offraient à elles tout autour. La «Freßgass» a été transformée en 1976 en une zone piétonne, pourtant elle n'a rien perdu de son attrait. Les magasins de spécialités culinaires, de produits alimentaires, les cafés, les restaurants s'alignent l'un après l'autre et, en été, on serre un peu plus les centaines de chaises qui se trouvent dehors. La bière bouillonne, les bouchons sautent, le Ebbelwei pétille, le fromage sent fort et le produit culinaire le plus exporté, la saucisse de Francfort est servie.

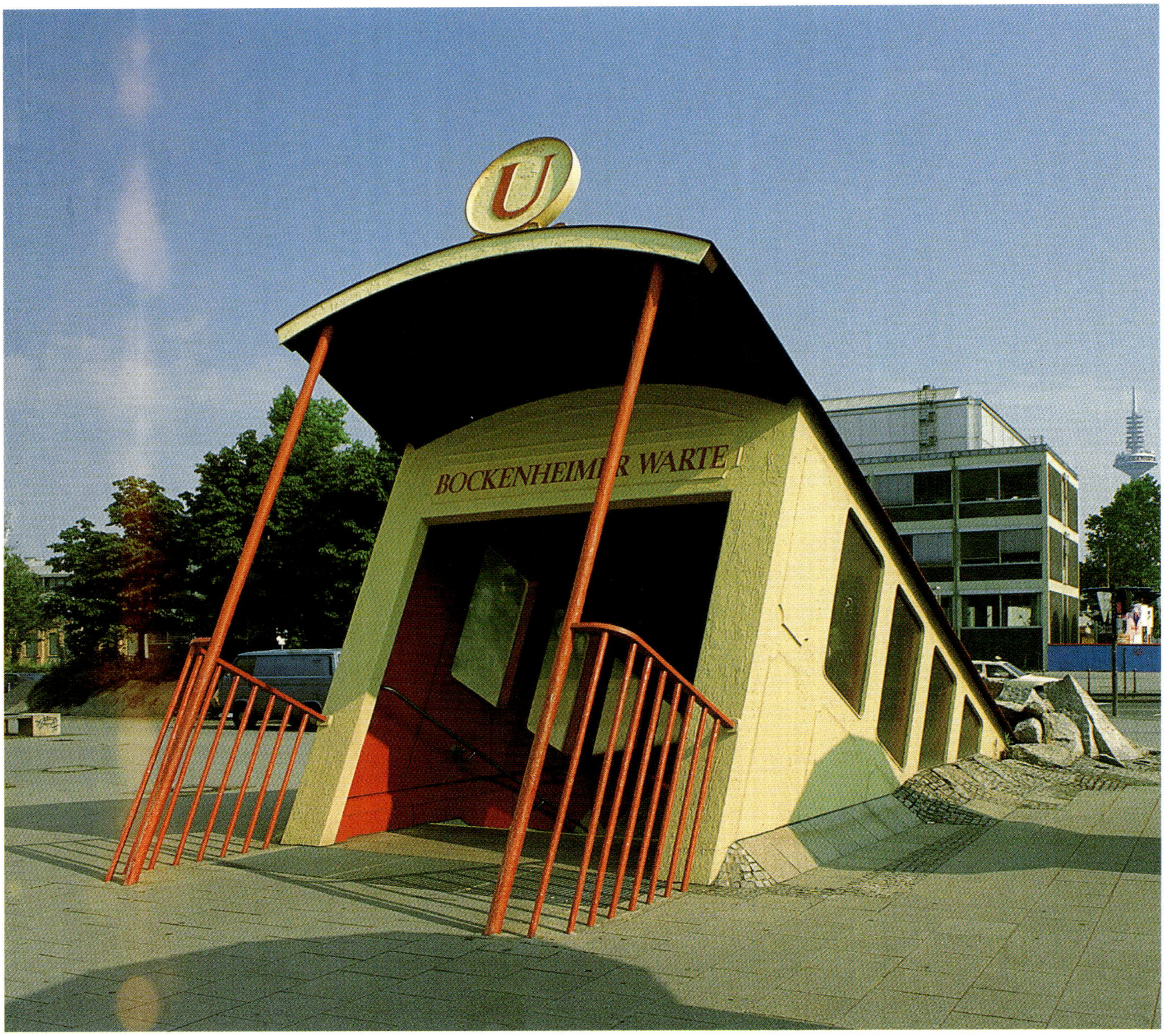

Mitunter geht's in Frankfurt recht schräg zu, wie der witzige U-Bahn-Zugang Bockenheimer Warte demonstriert. Dafür, daß die Eleganz nicht zu kurz kommt, sorgt zum Beispiel der Holbeinsteg, der sich im kühnen Bogen über den Main schwingt. Die Brücke ist ausschließlich Fußgängern

Sometimes Frankfurt presents a new slant on things, as demonstrated by the funny subway entrance at the Bockenheimer Warte station. And to make sure that elegance is not relegated to a backstage role, there is, for example, Holbeinsteg, whose bold arch sweeps over the Main. The bridge

Francfort a ses petits côtés excentriques comme l'amusante bouche de métro de Bockenheimer Warte le démontre mais elle paie aussi son tribut à l'élégance avec, par exemple, le Holbeinsteg dont l'arche hardie s'élance par-dessus le Main. Ce pont est réservé aux piétons et réunit

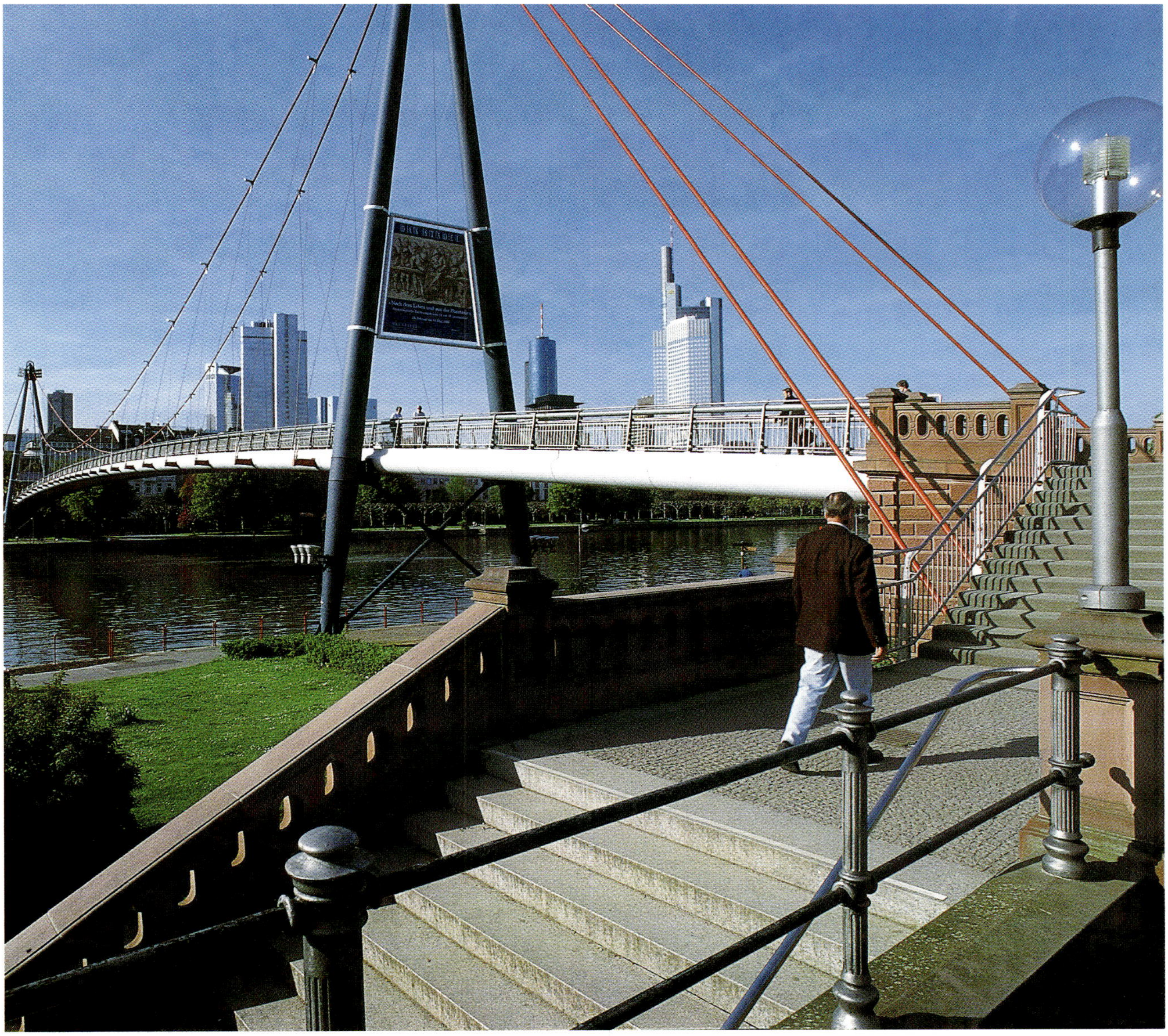

vorbehalten und verbindet seit 1991 den Schaumainkai mit dem Untermainkai. Zusammen mit dem Eisernen Steg ermöglicht sie eine fortlaufende Promenade entlang der Museen am nördlichen und südlichen Mainufer.

is reserved exclusively for pedestrians and has connected Schaumainkai with Untermainkai since 1991. Together with Eiserner Steg, it makes it possible to promenade without interruption along the museums on the northern and southern banks of the Main.

depuis 1991 le Schaumainkai et l'Untermainkai. Avec l'Eisernen Steg il permet de se promener sur la rive nord et la rive sud du Main sans avoir à revenir sur ses pas.

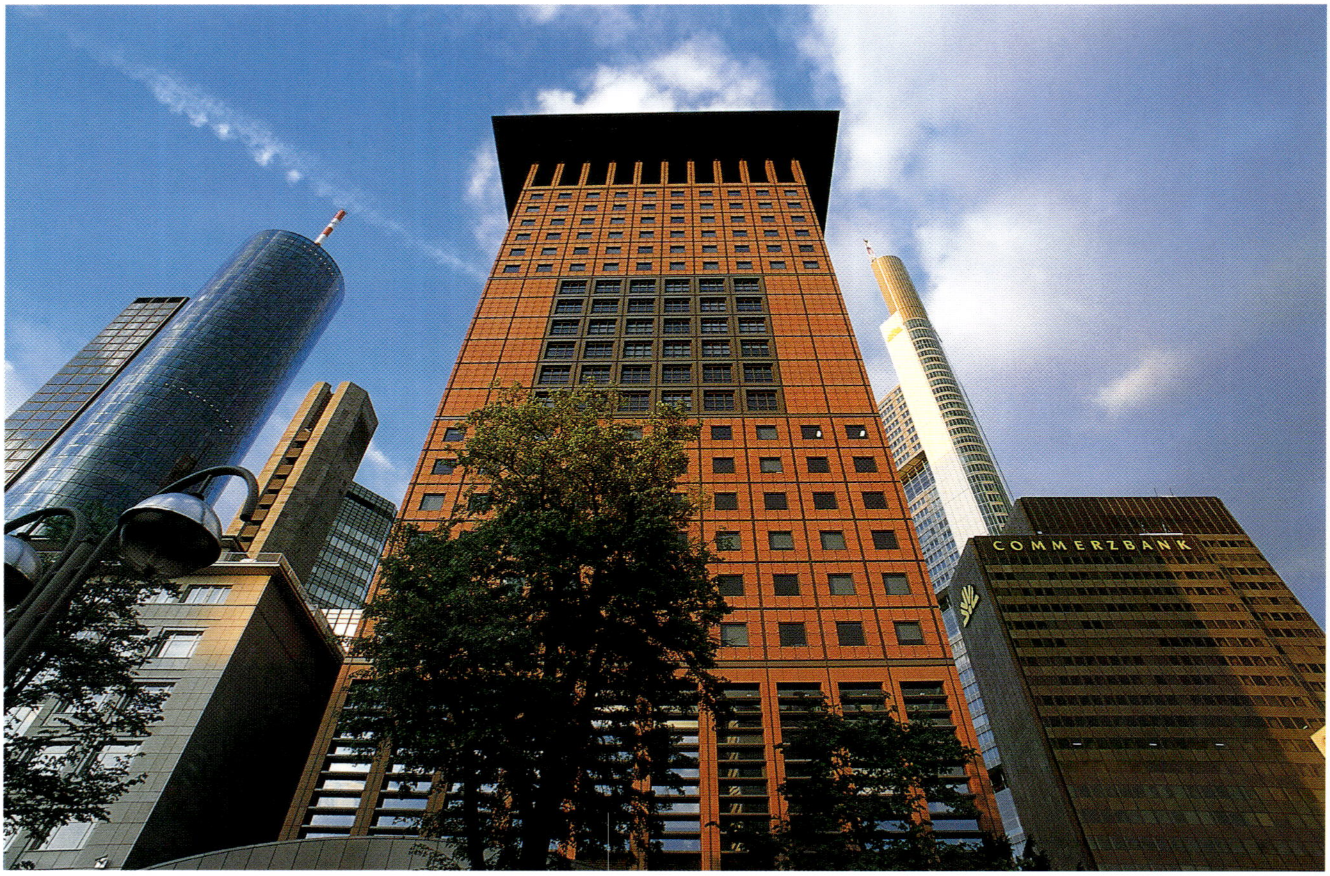

Sturm und Drang in Glas und Beton

Soll und Haben nennt der Volksmund die glitzernden Zwillingstürme der Deutschen Bank im Westend, seit 1985 ein Wahrzeichen mehr für Frankfurt. Die 155 Meter hohen Bürotempel sind architektonischer Beleg für den steilen Wirtschaftsaufstieg der Stadt, seit hier 1948 die D-Mark geboren wurde. Von den zehn größten deutschen Kreditinstituten haben fünf in Frankfurt ihren Sitz.

"Assets and Liabilities" are what the people call the glittering twin towers of the Deutsche Bank in Westend, since 1985 another landmark for Frankfurt. The 155-meter-high office temples are architectural proof of the rapid economic boom in the city since the D-Mark was born here in 1948. Of the ten largest German financial institutions, five have their headquarters in Frankfurt.

L'on a surnommé «Débit et Crédit» les deux tours scintillantes de la Deutsche Bank à Westend. Ces temples à bureaux, hauts de 155 mètres, sont des preuves architectoniques de la croissance économique de la ville, depuis qu'en 1948 y fut créé le D-Mark. Des dix grosses institutions de crédit allemandes, cinq ont leur siège à Francfort.

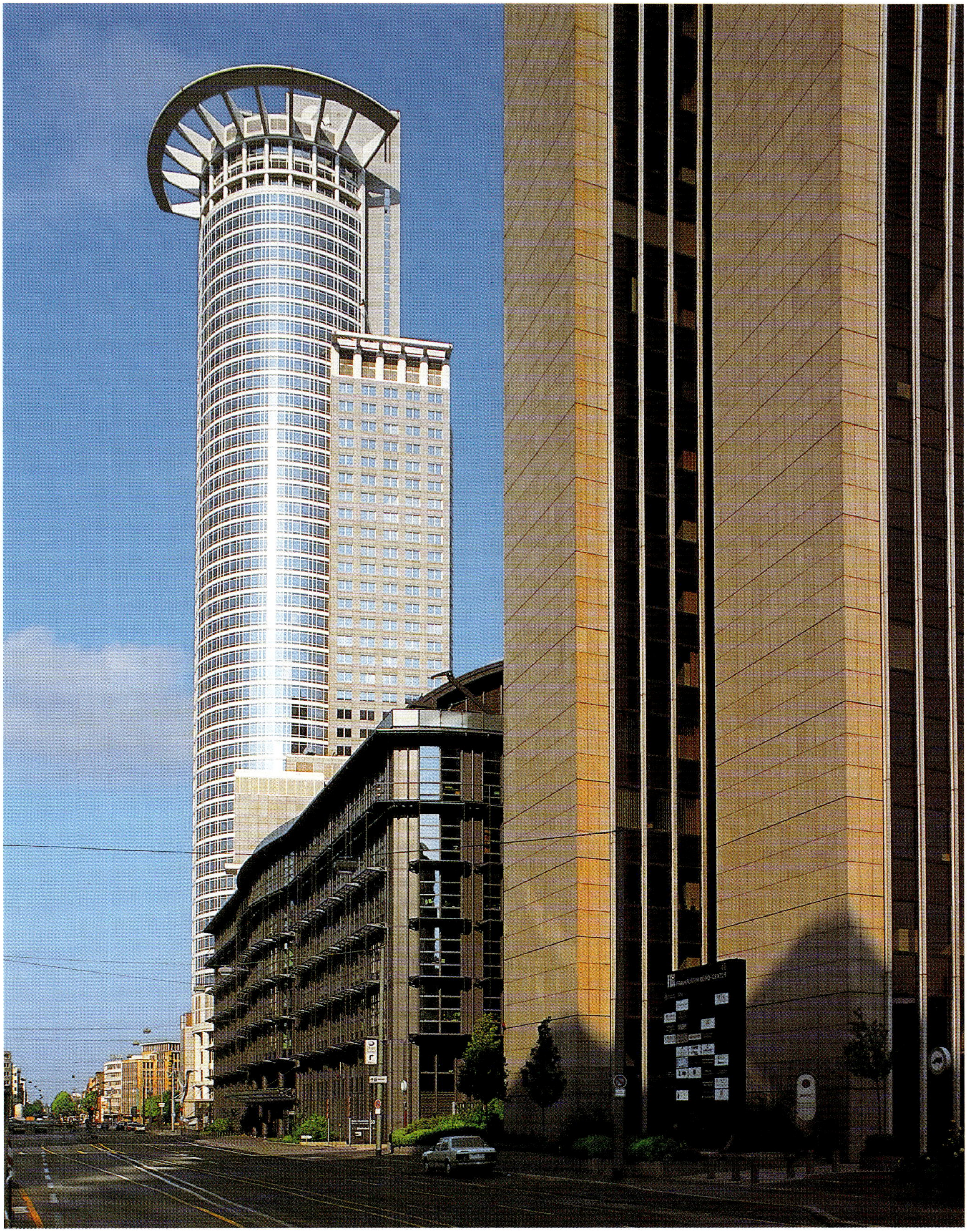

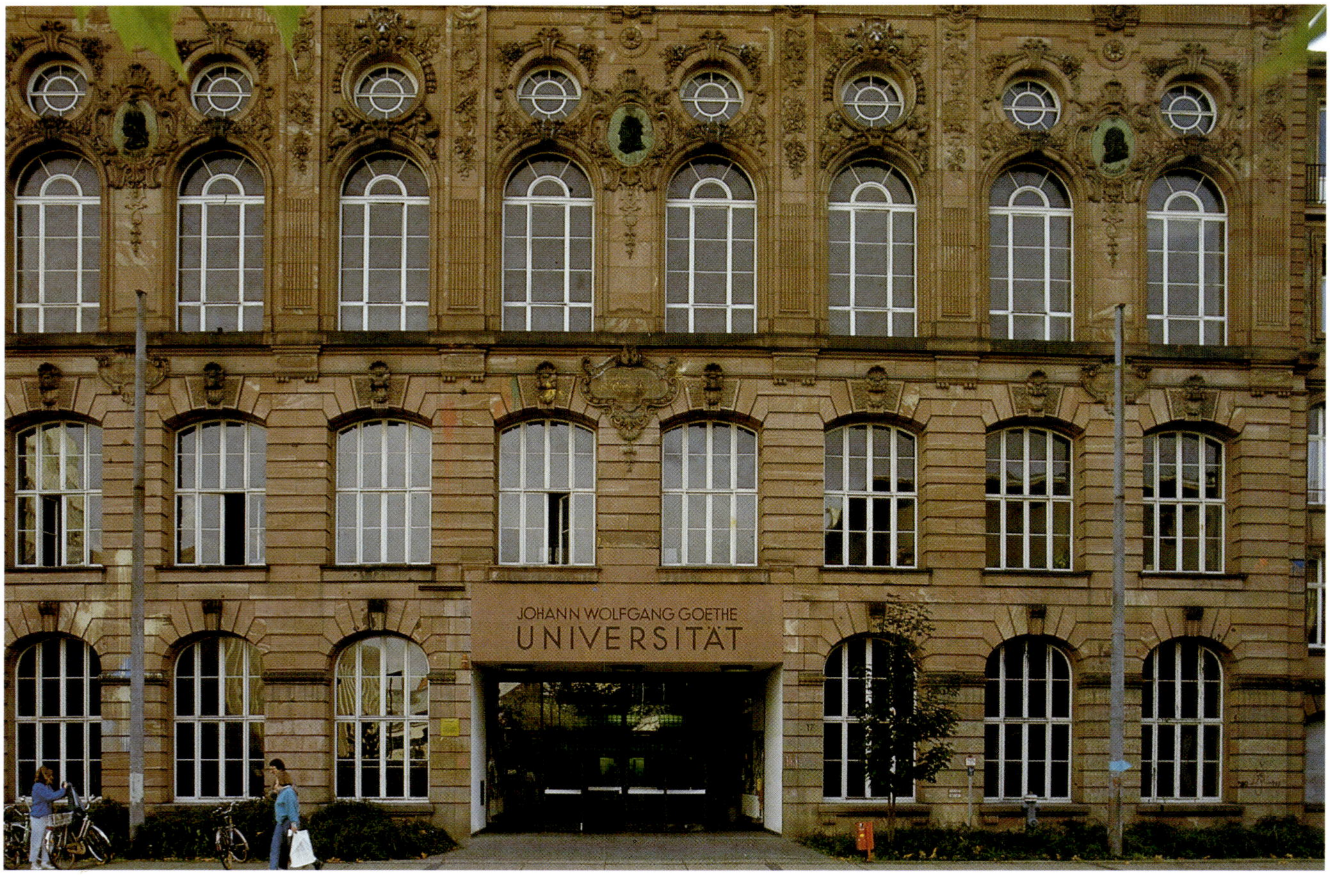

Die 1914 als Stiftung Frankfurter Bürger gegründete Universität ist seit 1932 nach Johann Wolfgang von Goethe, dem wohl bekanntesten Sohn der Stadt, benannt. 1933 wurde ein Drittel des Lehrkörpers von den Nationalsozialisten aus dem Amt gedrängt. Nach 1945 gewann die Hochschule ihren früheren Ruf zurück. Seit 1967 ist sie eine hessische Landesuniversität. Das historische Hauptgebäude mit Aula

The university, established as a foundation of Frankfurt residents, was named after Johann Wolfgang von Goethe, the city's most famous son, in 1932. In 1933 a third of the faculty was pressured out of office by the National Socialists. After 1945 the university regained its former reputation. It has been a Hessian state university since 1967. The historical main building with assembly hall and lecture hall is

L'université, créé en 1914 comme fondation des habitants de Francfort, est nommée, depuis 1932, d'après Johann Wolfgang von Goethe, le fils le plus célèbre de la ville. En 1933, les nationalsocialistes forcèrent un tiers du corps enseignant à abandonner leur chaire. Après 1945, l'université recouvra son ancienne réputation. Depuis 1967, elle dépend du land de Hesse. Le bâtiment historique avec

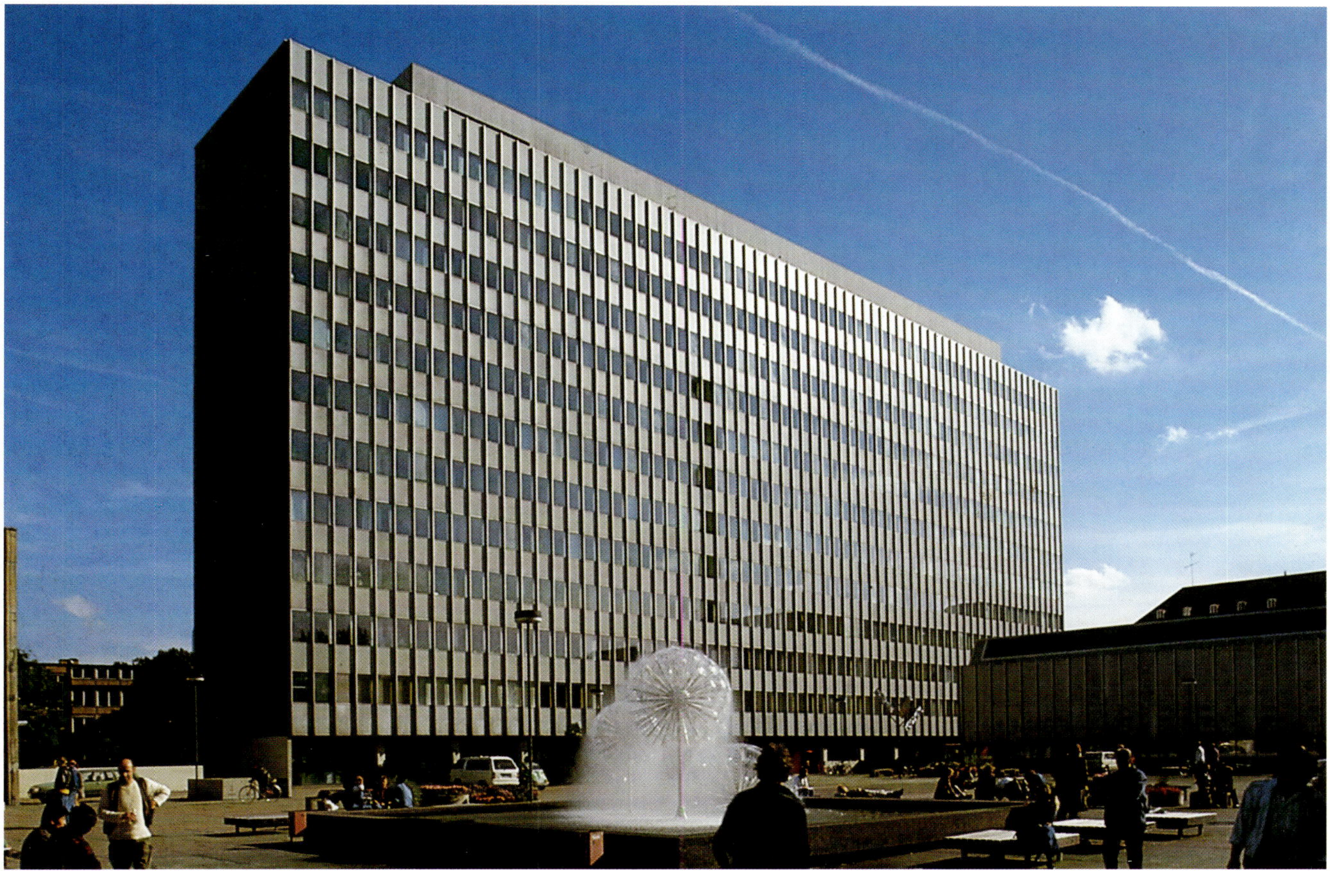

und Hörsälen wird zwar heute noch genutzt, aber seit den späten 60er Jahren mußte dem wachsenden Ansturm der Studenten Rechnung getragen werden: Es entstanden moderne Universitätsbauten wie das Juridicum, in dem gleichzeitig die Gesamtverwaltung untergebracht ist. Gegenwärtig sind an der Hochschule über 30 000 Studenten an 21 Fachbereichen eingeschrieben.

still used today, but since the late 60's the growing tide of students has had to be taken into account: Modern university buildings were erected, such as the "Juridicum", in which the university administration is also located. At present over 30,000 students are registered in 21 departments at the university.

aula et amphithéâtre est encore utilisé mais, depuis la fin des années 60, on a dû tenir compte de l'afflux croissant des étudiants: l'on construisit des bâtiments modernes comme le Juridicum qui abrite également l'administration. 30 000 étudiants sont actuellement inscrits dans 21 facultés.

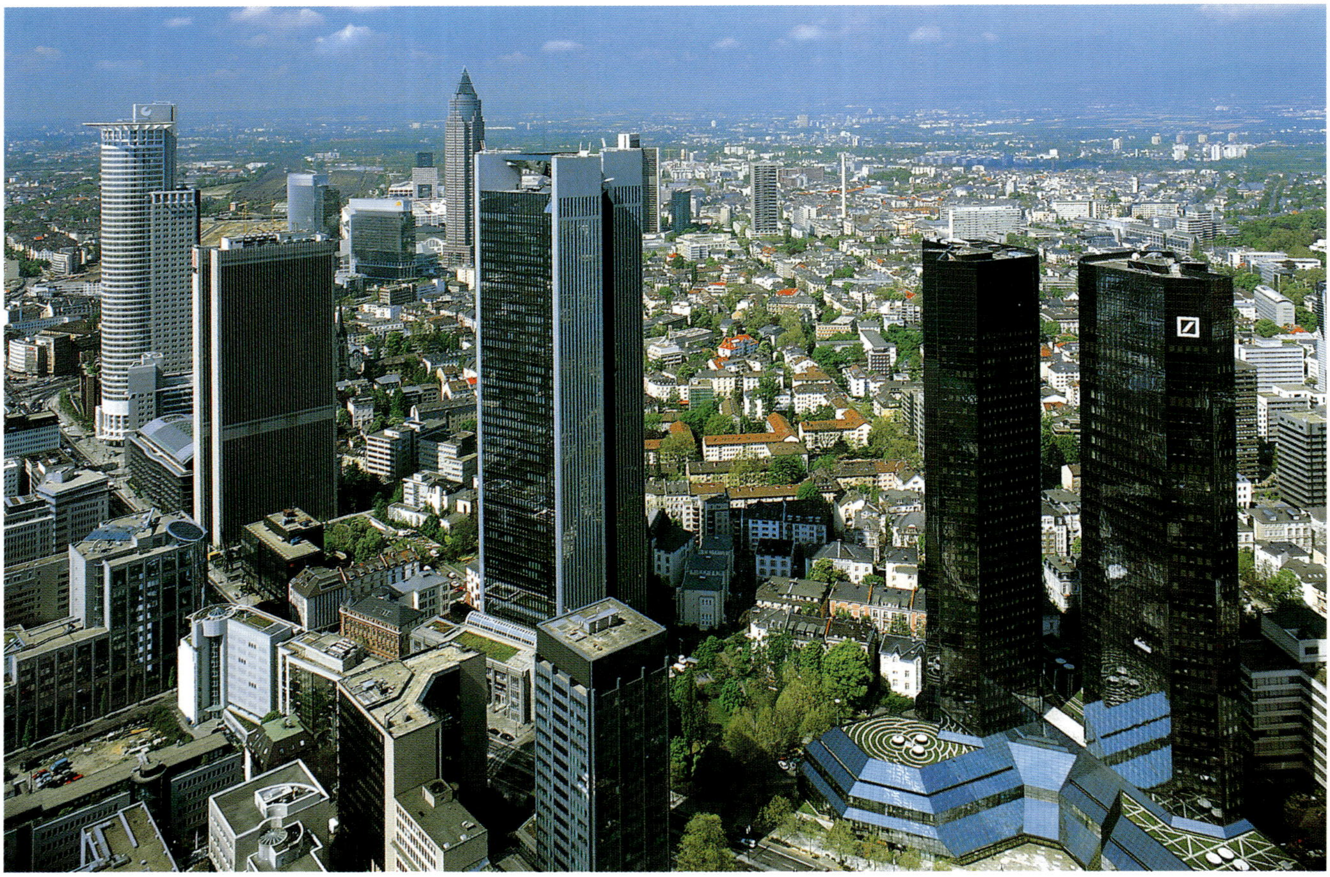

Was ist aus der alten Reichsmünzstätte von 1194 geworden! Die Schaltzentrale des Geldes hat längst zu Höhenflügen angesetzt – nicht nur, was die Bilanzen angeht. Wolkenkratzer als Dokument wirtschaftlicher Potenz überragen die Fassaden der Vergangenheit; nicht umsonst machte das Wort von „Mainhattan“ die Runde. Keine Stadt in Deutschland hat Skyline und Image so radikal aufpoliert, keine blieb trotzdem so sehr Spiegel der Republik wie sie. Lange Zeit unter dem öffentlichen Verdacht seelenloser Ehrgeizigkeit, hat Frankfurt allmählich begonnen, zwischen Beton und Bürgergiebeln Frieden zu stiften. Dem Besucher präsentiert sie sich mal protzig, mal pittoresk, nur eines nicht: langweilig.

What has become of the old imperial mint of 1194! The distributing center for money has long set off on flights of fancy – not only concerning balance sheets. Skyscrapers as evidence of economic power tower over the facades of the past; the word "Mainhattan" did not make the rounds for nothing. No other city in Germany has polished up its skyline and image so radically, none remained so much the mirror of the Republic in spite of that as Frankfurt. After suffering long under public suspicion of soulless ambition, Frankfurt has gradually begun to make peace between concrete and town house gables. Visitors are presented at times with a showy setting, at times with a picturesque scene, but never with a boring one.

Qu'est-il advenu de la vieille ville impériale battant monnaie de 1194? La centrale de distribution de l'argent a pris son envol depuis longtemps et pas seulement en ce qui concerne les bilans. Les gratte-ciel comme témoins de la puissance économique dominent les façades du passé. Ce n'est pas par hasard que le nom de «Mainhattan» circule. Aucune ville d'Allemagne n'a poli de façon aussi radicale sa silhouette et son image et pourtant aucune n'est demeurée un miroir aussi fidèle de la République. On l'a longtemps soupconnée d'incarner l'ambition effrénée mais entre le béton et les pignons bourgeois, elle a commencé, peu à peu, à rétablir la paix. Elle apparaît au visiteur tantôt vantarde, tantôt pittoresque mais jamais ennuyeuse.

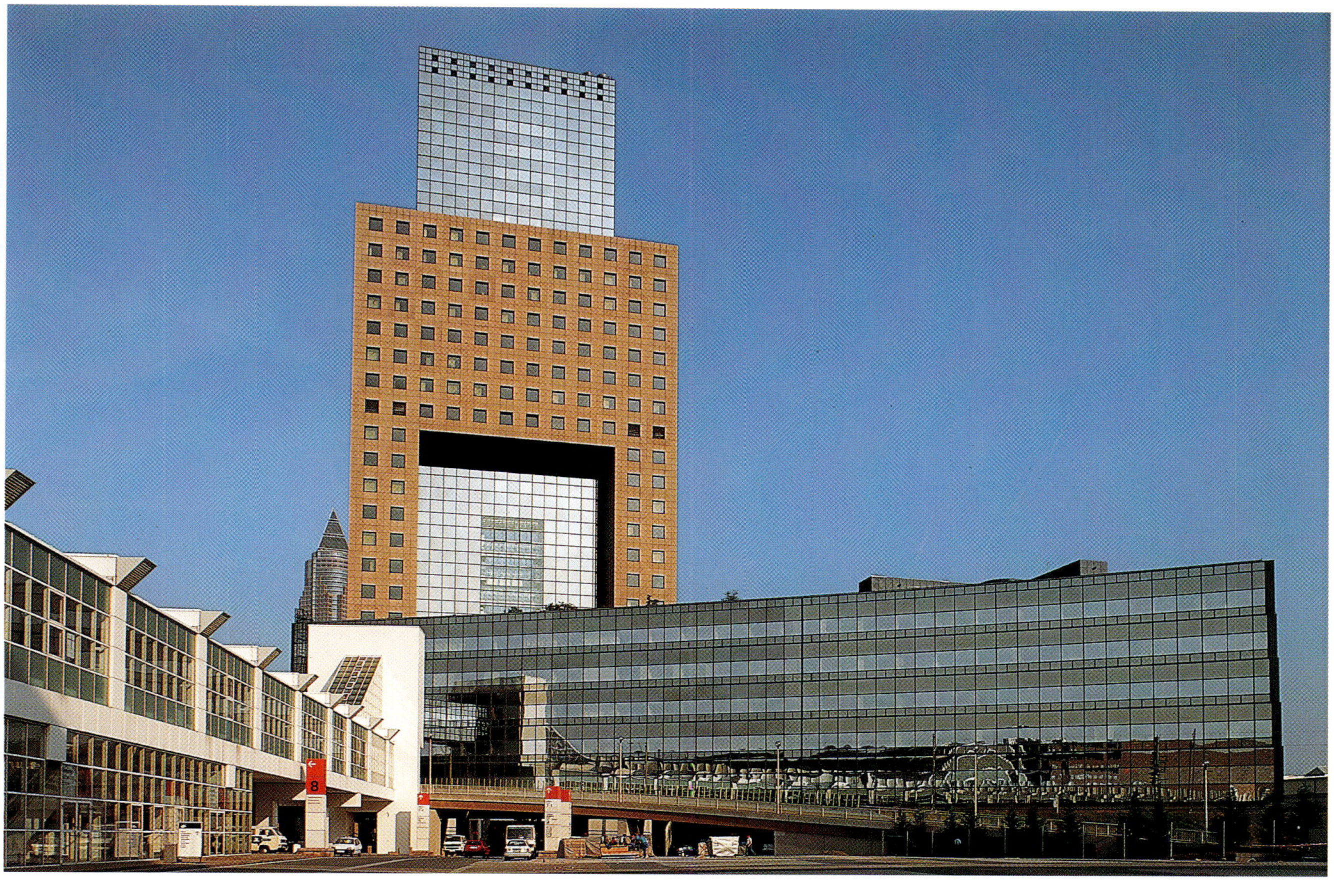

Zwei sandsteinverkleidete Scheiben mit großer Öffnung, die einen schmalen Glasriesen in ihre Zange nehmen: Das Torhaus, ein Werk des Kölner Architekten Oswald M. Ungers, gilt als Symbol des internationalen Handelsplatzes Frankfurt. Seit seiner Fertigstellung 1984 bildet es den markanten Mittelpunkt des weitläufigen Messegeländes. Das 130 Meter hohe Gebäude bietet Räume für die Messeverwaltung, Konferenzen und Servicebetriebe.

Two sandstone-faced structures with a large opening, holding a slender glass giant in their grip: the "Torhaus", designed by Cologne architect Oswald M. Ungers, is considered to be a symbol of Frankfurt's position in international trade. Since its completion in 1984 it has formed the prominent center of the expansive fair grounds. The 130-meter-high building offers rooms for the fair administration, conferences and service enterprises.

Deux tranches recouvertes de grès avec une grande ouverture qui prennent dans leurs pinces un étroit géant de verre: la Torhaus, œuvre de l'architecte de Cologne Oswald M. Ungers, est considérée comme le symbole de Francfort, ville internationale de commerce. Depuis son achèvement en 1984 cet édifice marquant constitue le centre du vaste terrain d'exposition. D'une hauteur de 130 mètres, il accueille l'administration de la foire, des conférences et des compagnies de services.

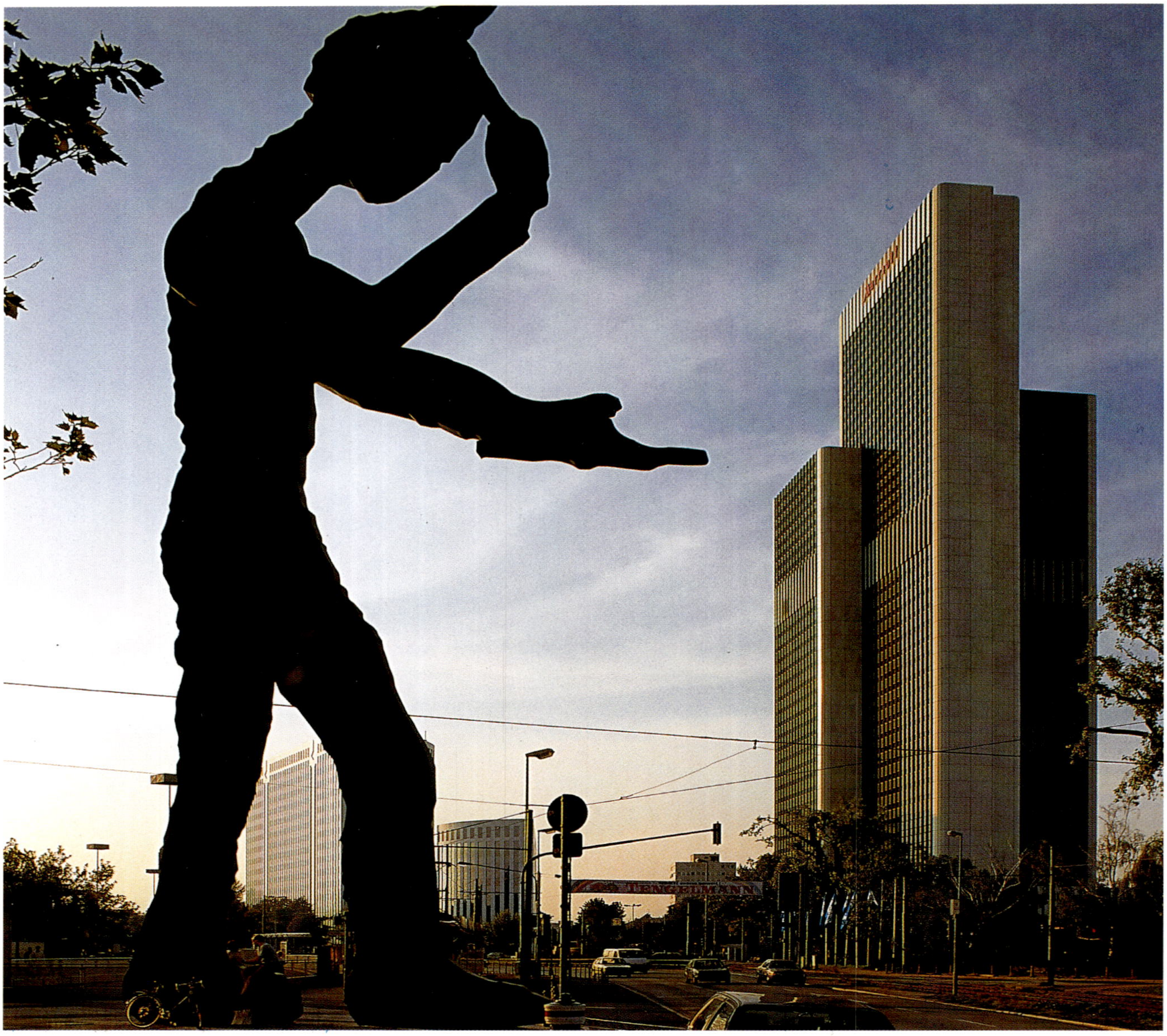

Für das Aushängeschild „Frankfurter Messe“ war den Bauherren nichts zu groß, nichts zu spektakulär. Das gilt für den „Hämmernden Mann“ von Jonathan Borofsky ebenso wie für den Messeturm von Helmut Jahn. 256 Meter hoch reckt er sich in den Himmel – ein Hauch von New York am Main. Das modernste Wahrzeichen der Stadt entpuppte sich rasch auch als das heikelste: Hohe Mieten, ungünstige Grundrisse und unbefriedigende Verkehrsanbindungen lockten nur schwer Mieter an.

For the builders nothing was too big, nothing too spectacular for the famous “Frankfurt Fair”. This applies to the “Hammering Man” by Jonathan Borofsky as well as the Fair Tower by Helmut Jahn. It stretches 256 meters high into the sky – a touch of New York on the Main. The city’s most modern landmark quickly got caught in an awkward situation, however: high rents, unfavorable ground plans and unsatisfactory traffic connections made it difficult to attract tenants.

Pour l’enseigne «Foire de Francfort» rien ne parut trop grand ou trop spectaculaire aux constructeurs. Ceci s’applique à «l’homme martelant» de J. Borofsky de même qu’à la tour d’H. Jahn. Elle se dresse de ses 256 mètres dans le ciel et donne aux rives du Main un petit air new-yorkais. Très vite, cependant, cet emblème le plus moderne de la ville se révéla être aussi le plus scabreux: loyers élevés, plan peu commode, accès insuffisant aux voies de communication n’attirèrent guère les locataires.

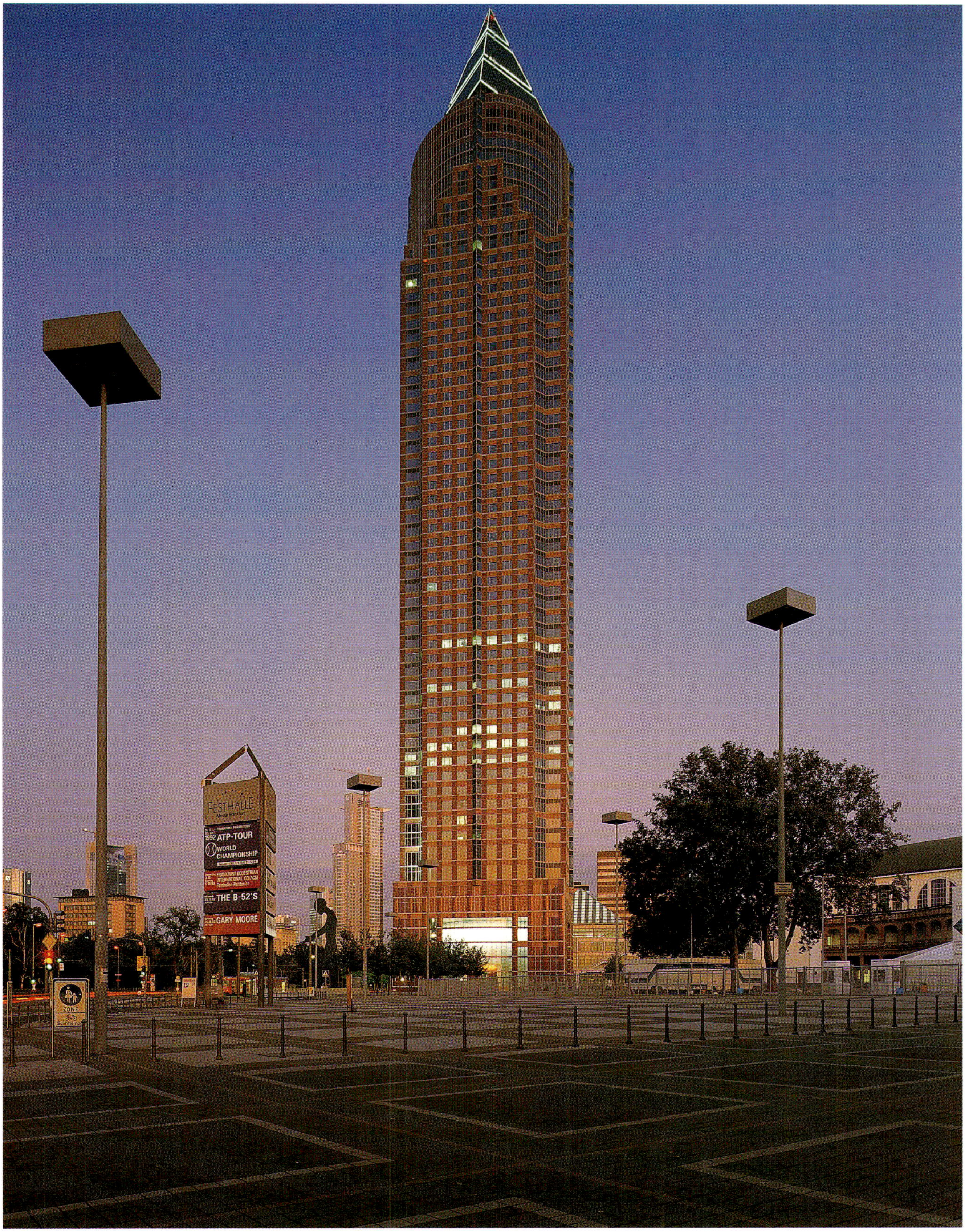
FESTHALLE
Messe Frankfurt
1992 ATP-TOUR
WORLD CHAMPIONSHIP
FRANKFURT EQUESTRIAN
INTERNATIONAL CDI/CSI
Festhallen Reitturnier
THE B-52'S
GARY MOORE

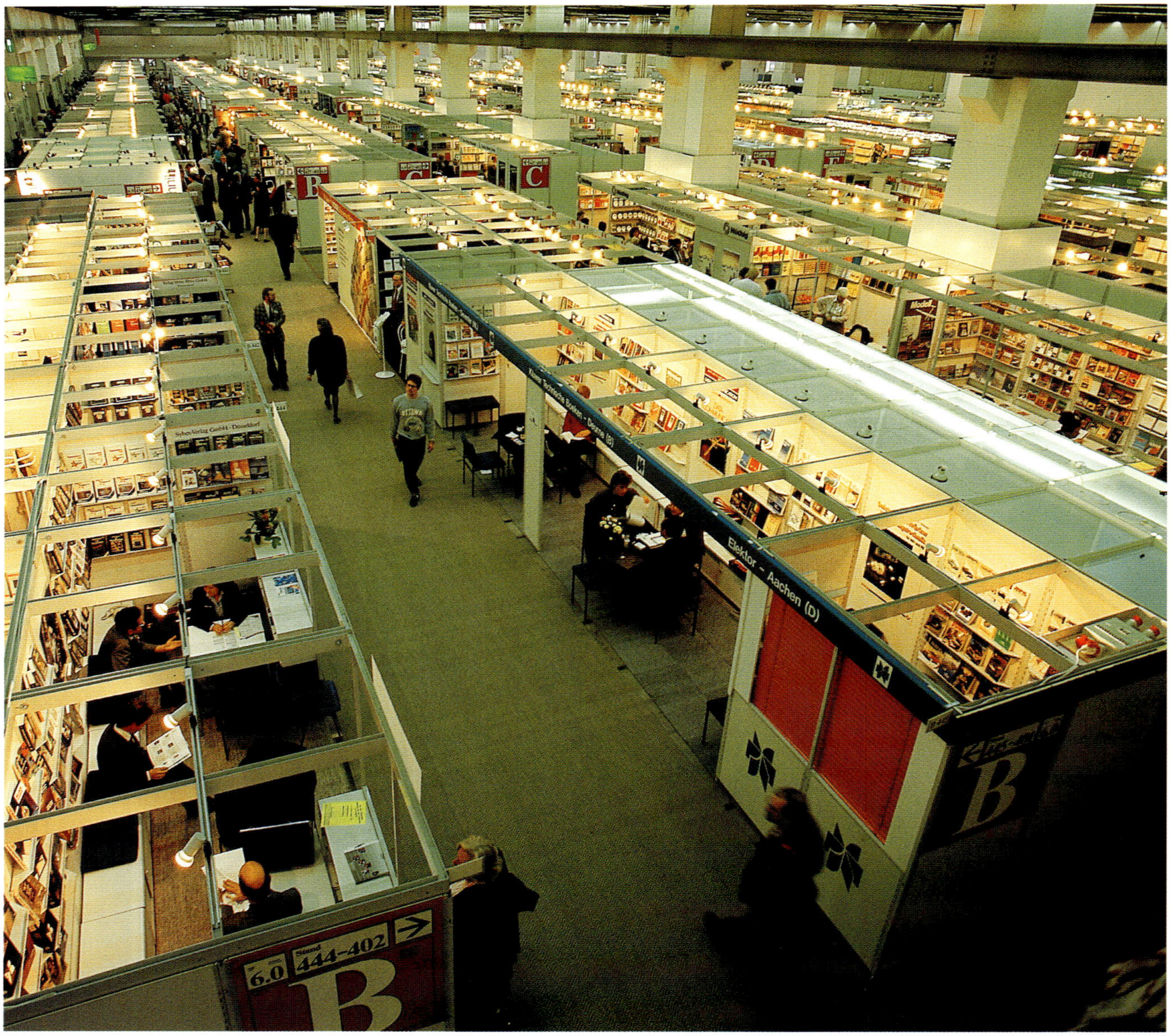

Angefangen hat alles mit einer Kirchweih und einem Fruchtmarkt im 11. Jh. Als Kaiser Friedrich im Jahre 1240 die Besucher der Frankfurter Messe unter seinen Schutz stellte, begann der Aufschwung. Das heutige Messegelände entstand erst nach 1945 und umfaßt inzwischen 400 000 Quadratmeter. Zu den gefeierten Neuerungen gehört die lichtdurchflutete Galerie von Oswald M. Ungers, die zwei Hallen miteinander verbindet. Neben der internationalen Frühjahrs- und Herbstmesse genießen Pelz- sowie Buchmesse Weltgeltung.

It all started with a fair and fruit market in the 11th century. The upturn began when Kaiser Friedrich placed the visitors of the Frankfurt Fair under his protection in 1240. The present fair grounds were first laid out after 1945 and now comprise 400,000 square meters. The celebrated innovations include the gallery bathed in light by Oswald M. Ungers that connects two halls. Besides the international spring and autumn fair, particularly the fur as well as the book fair enjoy worldwide recognition.

Tout ceci commença par une fête et un marché aux fruits au 11e siècle. La foire de Francfort prit de l'importance à partir de 1240 alors que l'empereur Friedrich plaça ses visiteurs sous sa protection. Les bâtiments actuels de l'exposition furent construits après 1945 et couvrent une surface de 400 000 m^2. Parmi les innovations très appréciées: la galerie d'Oswald M. Ungers qui réunit deux halls. En plus des foires internationales du printemps et de l'automne, la foire de la fourrure et du livre sont réputées dans le monde entier.

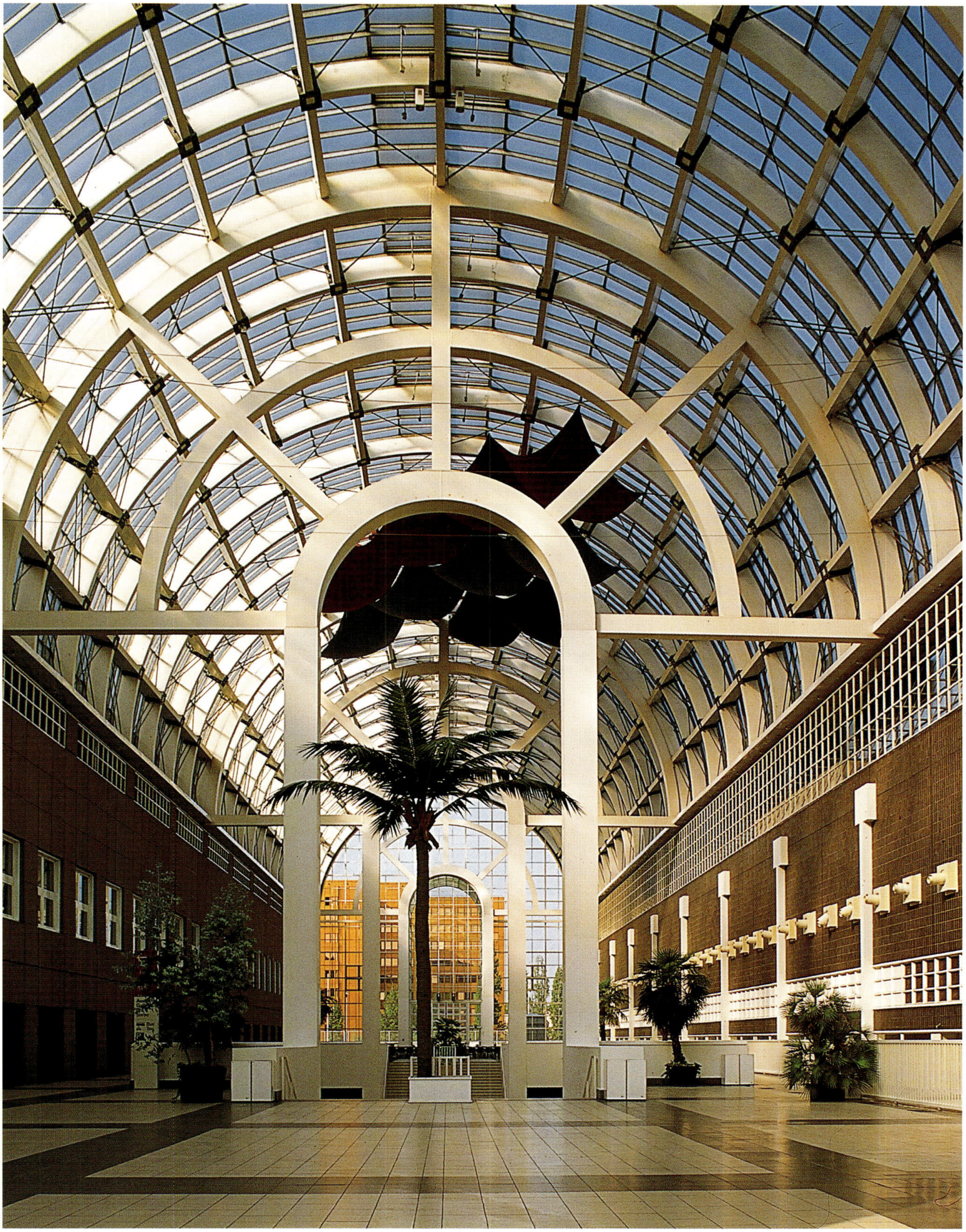

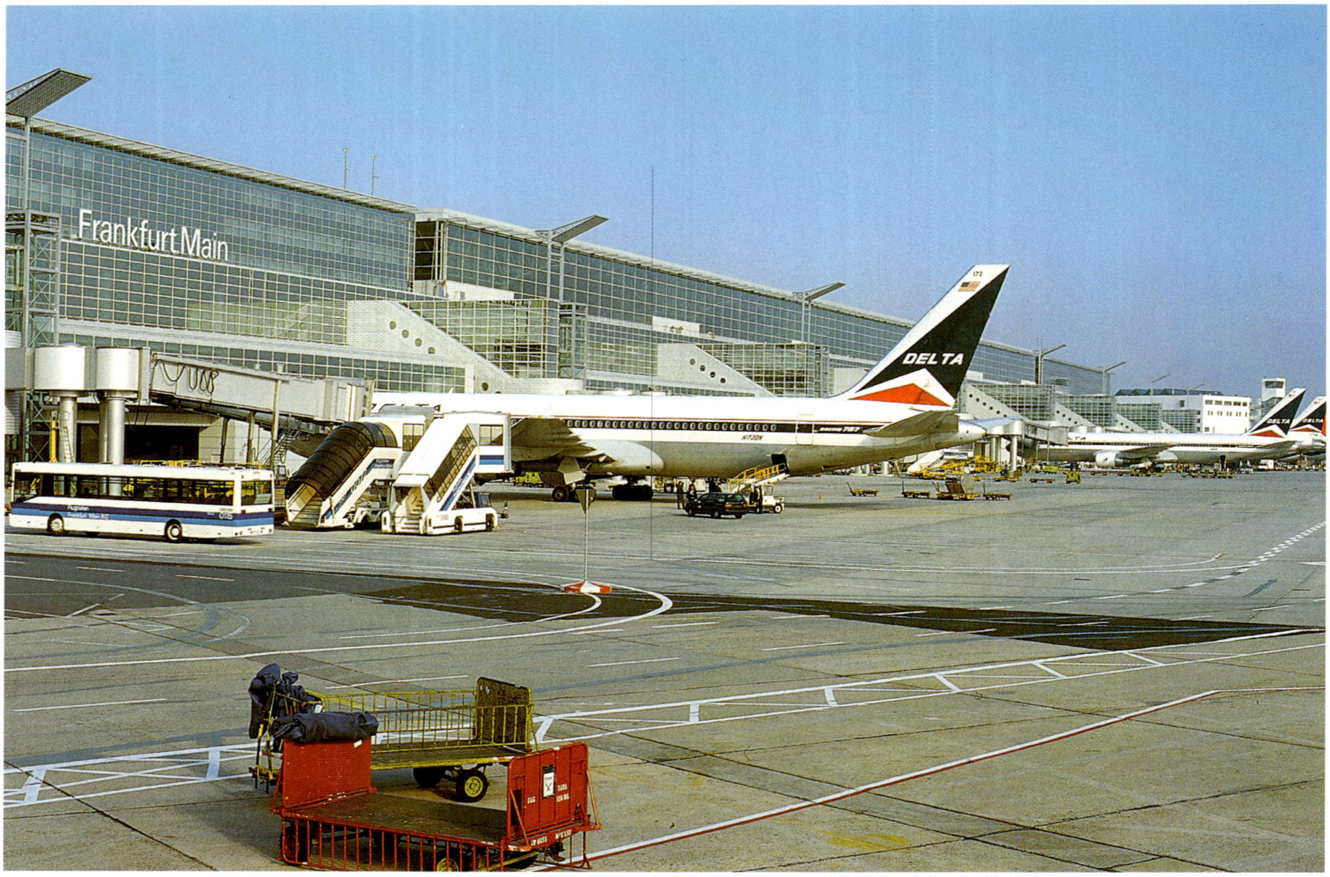

Seiner Lage im Herzen des Kontinents verdankt Frankfurt die Entwicklung zum internationalen Verkehrsknotenpunkt. Der 1936 eröffnete Rhein-Main-Flughafen ist nach London-Heathrow der zweitgrößte Europas. In die Stadtgeschichte geht er nicht nur wegen seines Passagieraufkommens von 20 Millionen jährlich ein, sondern auch durch die Auseinandersetzungen um den Bau der Startbahn West. Der Fernsehturm steht hinter so viel Ruhm nicht zurück: Er gilt mit seinen 331 Metern als vierthöchster Turm der Welt.

Frankfurt owes its development in becoming an international traffic junction to its location in the heart of the continent. The Rhein-Main-Airport opened in 1936 is Europe's second largest after London Heathrow. It will go down in the city's history not only because of its imposing annual volume of passengers of 20 million but also due to the violent conflicts surrounding the construction of Runway West. The television tower is not left behind all this fame: With a height of 331 meters it is the world's fourth highest tower.

Francfort est un nœud de communications international. L'aéroport de Rhin-Main, mis en service en 1936, est, après celui de Heathrow-Londres, le plus important d'Europe. Il prenda sa place dans l'histoire de la ville à cause du nombre imposant de passagers qui l'empruntent: 20 millions par an, mais aussi à cause des violents différents causés par la construction de la piste ouest. La tour de télécommunications a, elle aussi, sa part de gloire. Avec ses 331 m c'est la quatrième du monde.

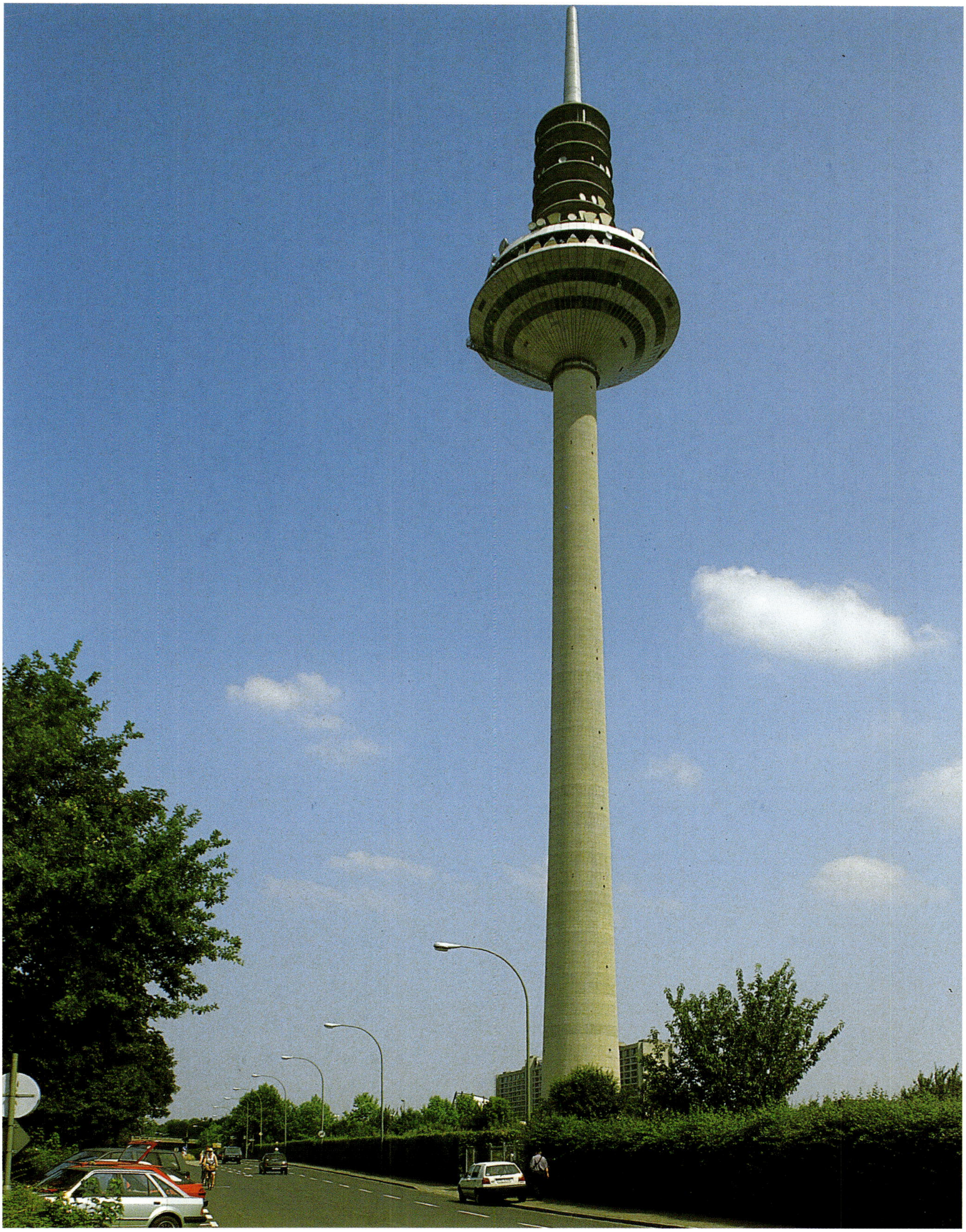

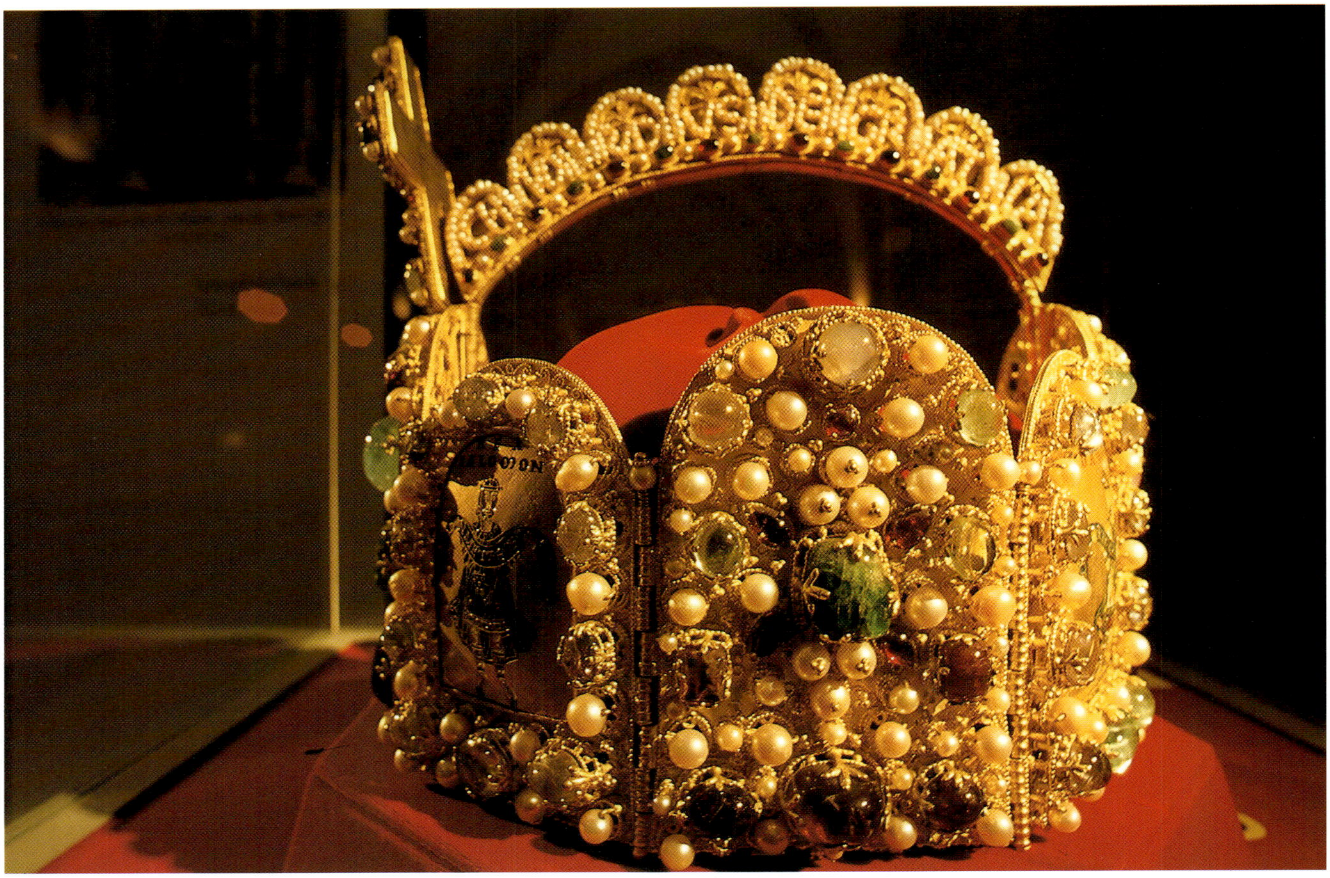

Stadt der Kaiser, Mönche und Reformer

Der Kaiserkrone, Attribut monarchischer Herrschaft und in Frankfurt insgesamt 10mal übergeben, sollte Mitte des 19. Jahrhunderts nach einem Dichterwort ein „tiefes, unendliches Grab“ bereitet werden. Im Mai 1848 versammelten sich 585 Abgeordnete aus dem zersplitterten deutschen Reich in der protestantischen Paulskirche, verhängten den Altar und machten sich daran, das erste freie deutsche Parlament zu gründen. Die Nationalversammlung scheiterte, aber die damals verabschiedeten „Grundrechte des deutschen Volkes“ fanden Eingang sowohl in die spätere Weimarer Verfassung als auch in das Grundgesetz der Bundesrepublik. Heute wird in der Paulskirche jeden Herbst der Friedenspreis des deutschen Buchhandels verliehen und alle drei Jahre überreicht die Stadt hier ihren Goethe-Preis. Einer der Gäste war 1963 John F. Kennedy.

In the middle of the 19th century, according to a poet's words, a “deep, endless grave” was supposed to be prepared for the imperial crown, attribute of monarchistic rule and handed over a total of 10 times in Frankfurt. In May 1848 585 delegates from the fragmented German Empire assembled in Protestant Paulskirche, covered the altar and commenced with the founding of the first free German parliament. The National Assembly was a failure, but the “Basic Rights of the German People” adopted then were included in the later Weimar Constitution as well as in the Constitution of the Federal Republic of Germany. Today the Peace Prize presented by the German book trade is awarded in Paulskirche every autumn, and every three years the city confers its Goethe Prize here. One of the guests was 1963 John F. Kennedy.

La couronne de l'empereur, attribut du pouvoir monarchique, fut remise dix fois en tout à Francfort. Au milieu du 19e siècle une «tombe profonde, infinie» – selon les mots du poète – devait lui être réservée. En mai 1848, 585 députés de l'empire éclaté se réunirent dans la Paulskirche protestante, couvrirent l'autel et se mirent en devoir de fonder le premier parlement libre allemand. L'Asemblée Nationale échoua mais les «droits fondamentaux du peuple allemand» furent inclus dans la constitution de la République de Weimar et dans celle de la République Fédérale. Chaque automne, l'on remet dans la Paulskirche le Prix de la Paix de l'édition allemande et, tous les trois ans, la ville attribue ici le Prix-Goethe. L'un des invités les plus proéminents fut John F. Kennedy qui parla ici au peuple allemand en 1963.

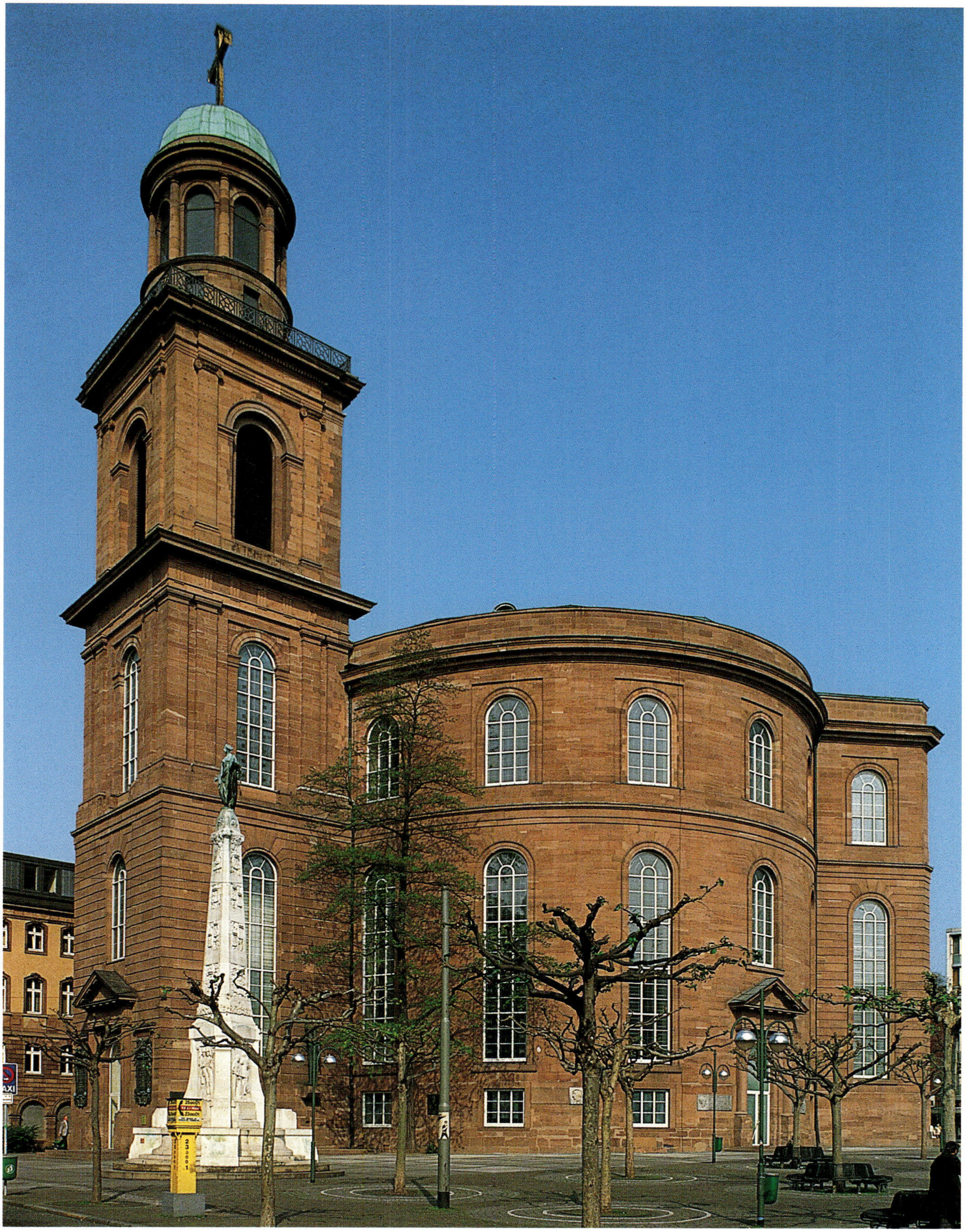

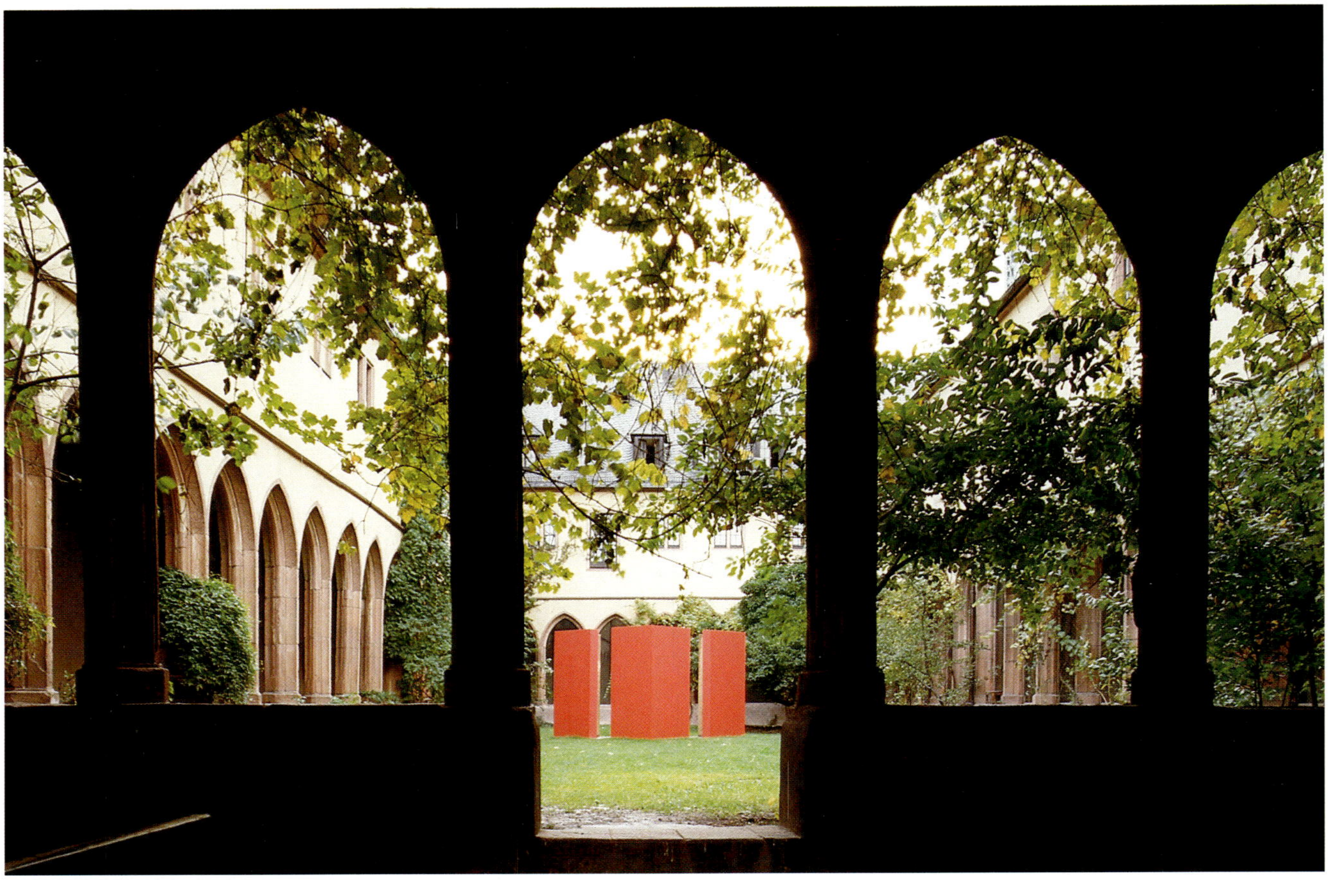

Die Anlage des Karmeliterklosters entstand um 1246 und wurde bis 1520 ausgebaut. Doch dem Domizil der Bettelmönche war ein wechselhaftes Schicksal bestimmt: Nach der Säkularisation diente es ab 1803 als Kaserne und war 1913 so heruntergekommen, daß es abgerissen werden sollte. Man begann zwar zu restaurieren, doch 1944 brannte das Kloster aus. In den 50er Jahren wurden Kreuzgang und Refektorium in ursprünglicher, die übrigen Teile in modernisierter Form wieder aufgebaut. Erst 1985 legten polnische Restauratoren im alten Teil Malereien von Jörg Schürtz, genannt Ratgeb, aus dem Beginn des 16. Jahrhunderts frei. Sein biblischer Bilderbogen, an dem er bis 1518 arbeitete, gilt heute als das größte Wandgemälde der deutschen Frührenaissance. Im Karmeliterkloster befindet sich jetzt das Stadtarchiv und ein Ausstellungsraum.

The Carmelite Monastery complex came into being around 1246 and was expanded up to 1520. The domicil of the beggar monks was destined for a capricious fate, however: After secularization, it functioned as barracks beginning in 1803 and was so run-down in 1913 that it was supposed to be torn down. Restoration work was begun but the monastery burned down in 1944. In the 50's cloister and refectory were rebuilt in their original form, the remaining sections in modern form. Not until 1985 did Polish restaurateurs expose painting work by Jörg Schürtz, called Ratgeb, dating from the 16th century in the old section. His biblical illustrated broadsheet, which he worked on until 1518, is considered today the greatest wall painting of the early German Renaissance. Now the City Archives and a display room are located in the Carmelite monastery.

Le complexe du couvent des carmélites date de 1246 et fut agrandi jusqu'en 1520. Ce domicile de moines mendiants eut un destin mouvementé: après sa sécularisation en 1803, il servit de caserne. En 1913, il était si délabré qu'on avait décidé de le démolir. On commença pourtant à le rénover mais, en 1944, il brûla. Dans les années 50, le cloître et le réfectoire furent reconstruits dans leur forme d'origine et les autres parties sous une forme modernisée. En 1985, des restaurateurs polonais mirent à jour, dans les bâtiments anciens, des fresques de Jörg Schürtz, surnommé Ratgeb, du début du 16e siècle. Ces peintures à sujet biblique, auxquelles il travailla jusqu'en 1518, sont parmi les plus importantes du début de la Renaissance en Allemagne. Le couvent des carmélites abrite maintenant les archives municipales et une salle de réceptions.

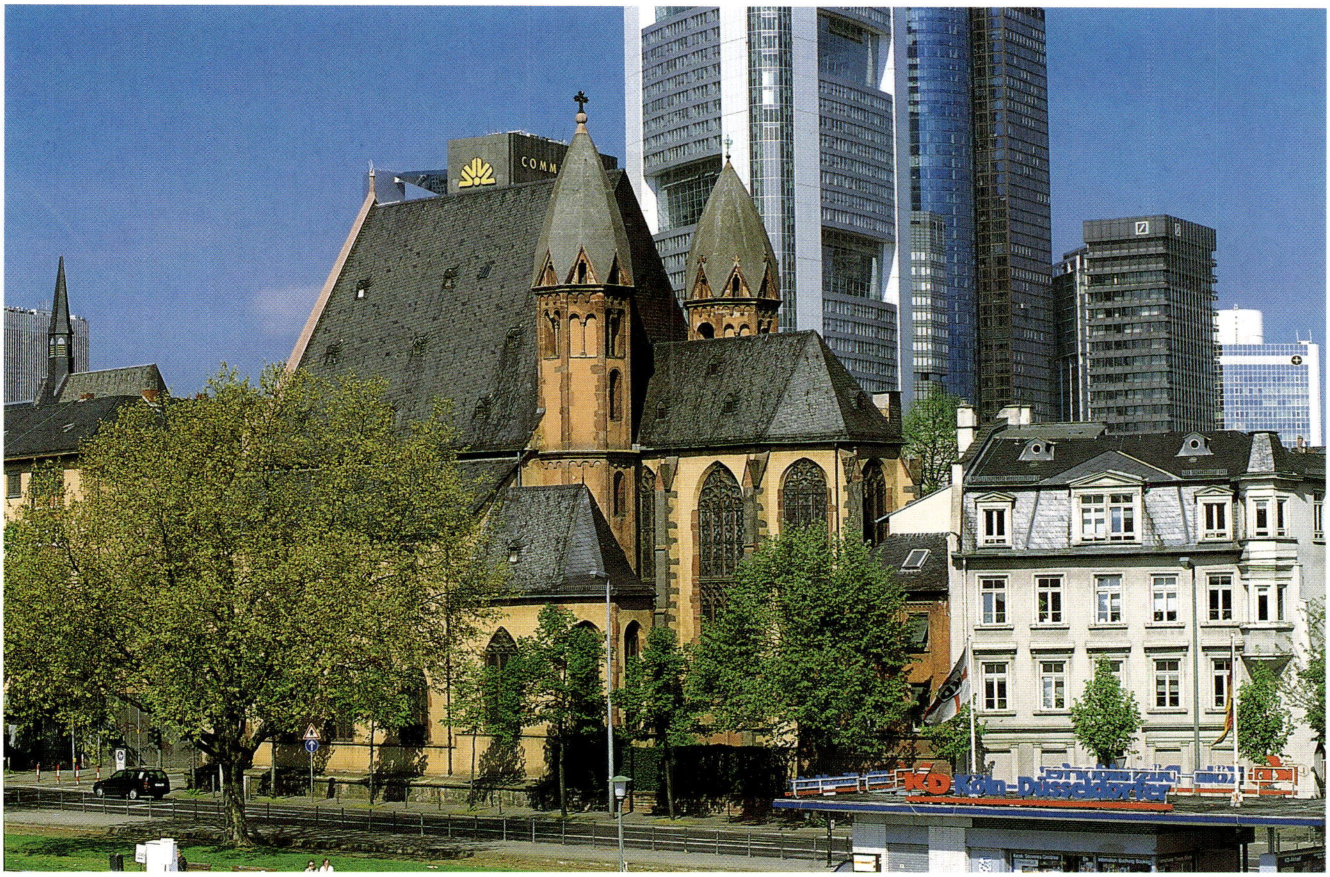

St. Leonhard am Mainkai ist die älteste Kirche der Frankfurter City. Sie wurde 1219 als dreischiffige Kapelle St. Maria und Georg errichtet und im 15. Jahrhundert zu einer fünfschiffigen gotischen Hallenkirche umgebaut. Seit die Gemeinde im Jahre 1323 die Reliquien des Hl. Leonhard erworben hatte, trägt die Kirche seinen Namen. Aus ihren spätromanischen Kindertagen erhalten geblieben sind nur das Engelbertus-Portal und die Jakobus-Pforte. Im Innern stößt man auf wertvolle mittelalterliche Altäre. Ein unschätzbares Juwel sind vor allem die Reste von Glasmalereien aus der ersten Hälfte des 15. Jahrhunderts mit Szenen der Kreuzigung und aus dem Neuen Testament.

St. Leonhard at Mainkai is the oldest church in Franfurt's center. It was built as the three-nave Chapel of St. Maria and Georg in 1219 and was converted into a five-nave Gothic church in the 15th century. The church has borne his name since the congregation acquired the remains of St. Leonhard in 1323. Only the Engelbertus Portal and the Jakobus Gate have remained intact from its late Romantic beginnings. Inside one encounters valuable medieval altars. Particularly the remains of glass painting work from the first half of the 15th century with scenes of the Crucifixion and from the New Testament are a priceless gem.

St. Leonhard am Mainkai est la plus vieille église du centre des affaires. Elle fut construite en 1219 comme chapelle à trois nefs, St. Marie et St. Georges et, au 15e siècle, transformée en une église à cinq nefs. L'église porte le nom de St. Leonhard depuis qu'elle fit l'acquisition de ses reliques en 1323. De ces origines romanes il ne reste que le portail d'Engelbertus et la porte de Jakobus. A l'intérieur on trouve de précieux autels médiévaux. Les peintures sur verre datant de la première moitié du 15e siècle, représentant des scènces de la crucifixion et du Nouveau Testament, sont des bijoux d'un prix inestimable.

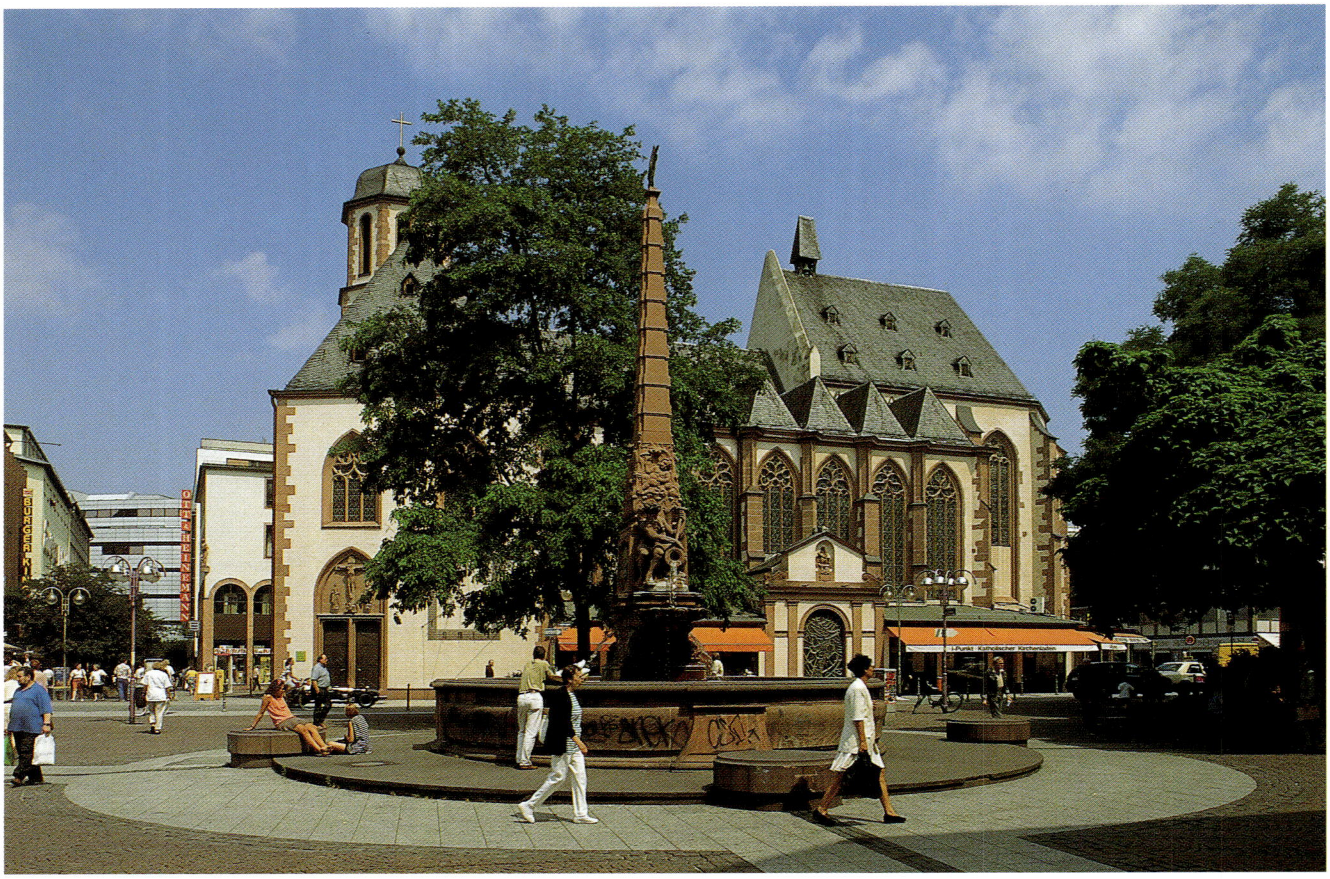

Ein merkwürdiges Gotteshaus ziert den einzigen größeren Platz in der Altstadt neben dem Römerberg. Um 1310 als Marienkapelle entstanden, wurde es 1325 zur Liebfrauen-Stiftskirche erhoben, die später mehrfache Umbauten erlebte. Der Kirchenturm, der etwas in Distanz zum Hauptschiff steht, war ehemals zugleich Stadtmauerturm. Was ihn und die Kirche dauerhaft verbindet, ist im wahrsten Sinne steinalt: Nämlich ein Stück der Staufermauer aus dem Jahre 1150.

A remarkable house of worship adorns the once larger square in the Old Town next to Römerberg. Built as Chapel of the Virgin Mary around 1310, it was elevated to Liebfrauen Collegiate Church in 1325 and underwent several modifications later. The church tower, which stands somewhat at a distance from the nave, was formerly city wall tower at the same time. The permanent attachment between it and the church is as old as the hills: a piece of the Hohenstaufen wall dating from 1150.

Une curieuse église décore la seule grande place de la vieille ville, le Römerberg mis à part. Elle fut fondée en 1310 comme Marienkapelle, devint en 1325 la Liebfrauen-Stiftskirche et fut, par la suite, plusieurs fois remaniée. La tour qui se trouve à quelque distance du vaisseau principal, faisait autrefois également partie du rempart de la ville. Ce qui l'unit à l'église est, véritablement, vieux comme pierre: un pan du mur des Hohenstaufen de l'année 1150.

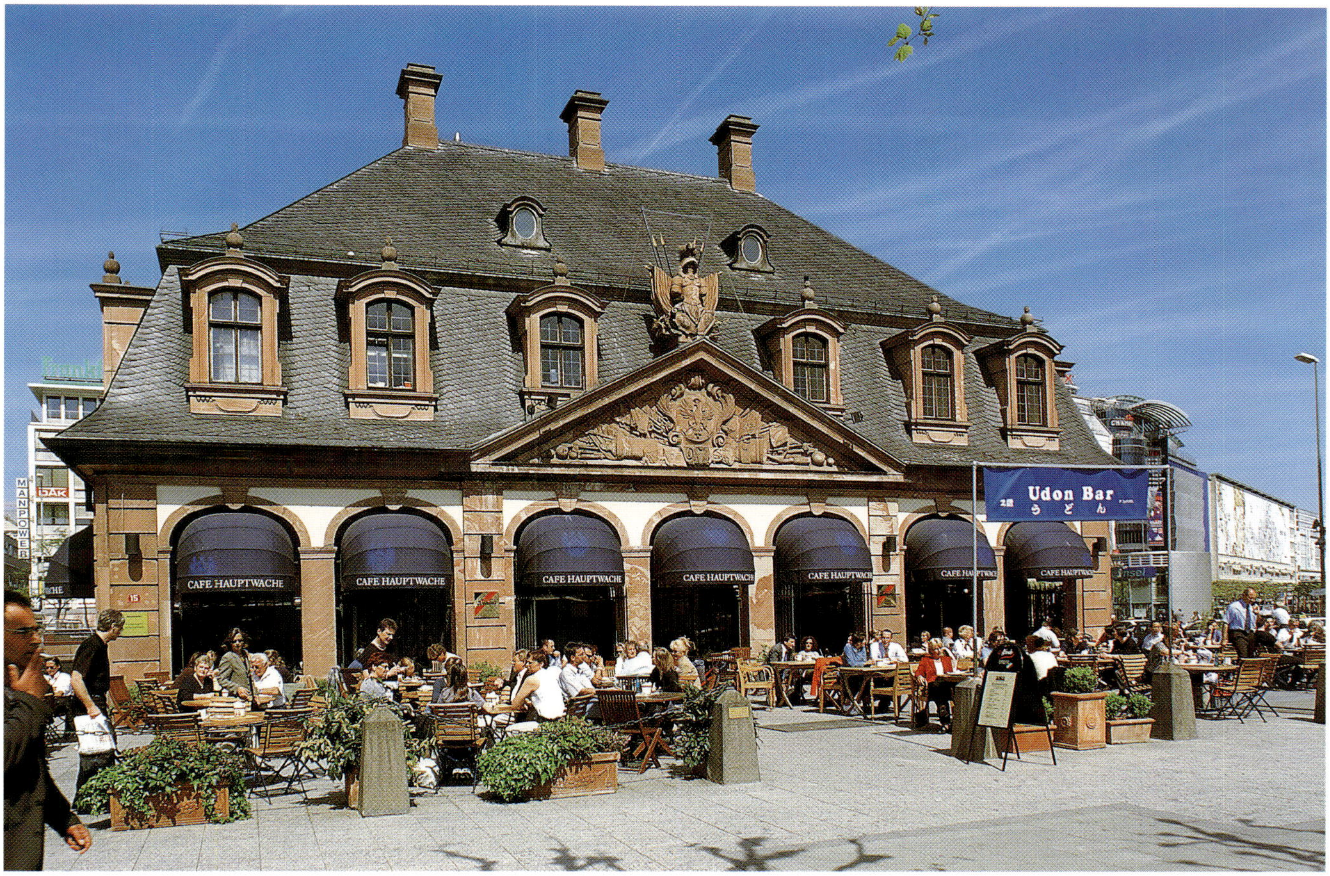

Inseln der Vergangenheit

Wo sich heutige Zeitgenossen Kaffeehausfreuden hingeben, herrschte einst militärisches Zeremoniell. Die Hauptwache wurde 1729 von Johann Jakob Samheimer im Barockstil als Wachstation für Soldaten errichtet. Erst 1904 verwandelte man sie in ein Cafe. Während des U-Bahn-Baus in den 60er Jahren mußte die Hauptwache – vielmehr: ihre Nachkriegsreste – vorübergehend weichen. Nachdem zunächst Stein für Stein abgetragen worden war, wurde die Wache gemäß historischem Vorbild wieder aufgebaut.

Where people today enjoy café atmosphere was once dominated by military ceremony. The “Hauptwache” was constructed by Johann Jakob Samhaimer in baroque style as a sentry station for soldiers in 1729. It was not until 1904 that it was converted into a café. During construction of the underground in the 60’s the “Hauptwache” – or rather: its postwar remains – had to move temporarily. After it was first dismantled stone by stone, the “Hauptwache” was rebuilt according to the historical model.

Nos contemporains se rendent volontiers dans ce café qui était voué, jadis, au cérémonial militaire. Ce bâtiment fut construit en 1729 par Johann Jakob Samhaimer dans le style baroque pour servir de poste de garde. Ce n’est qu’en 1904 qu’il fut converti en un café. Pendant les années 60, la «Hauptwache», ou plutôt ce que la guerre en avait laissé, dut temporairement céder le terrain. Elle fut transportée pierre par pierre et reconstruite selon l’original.

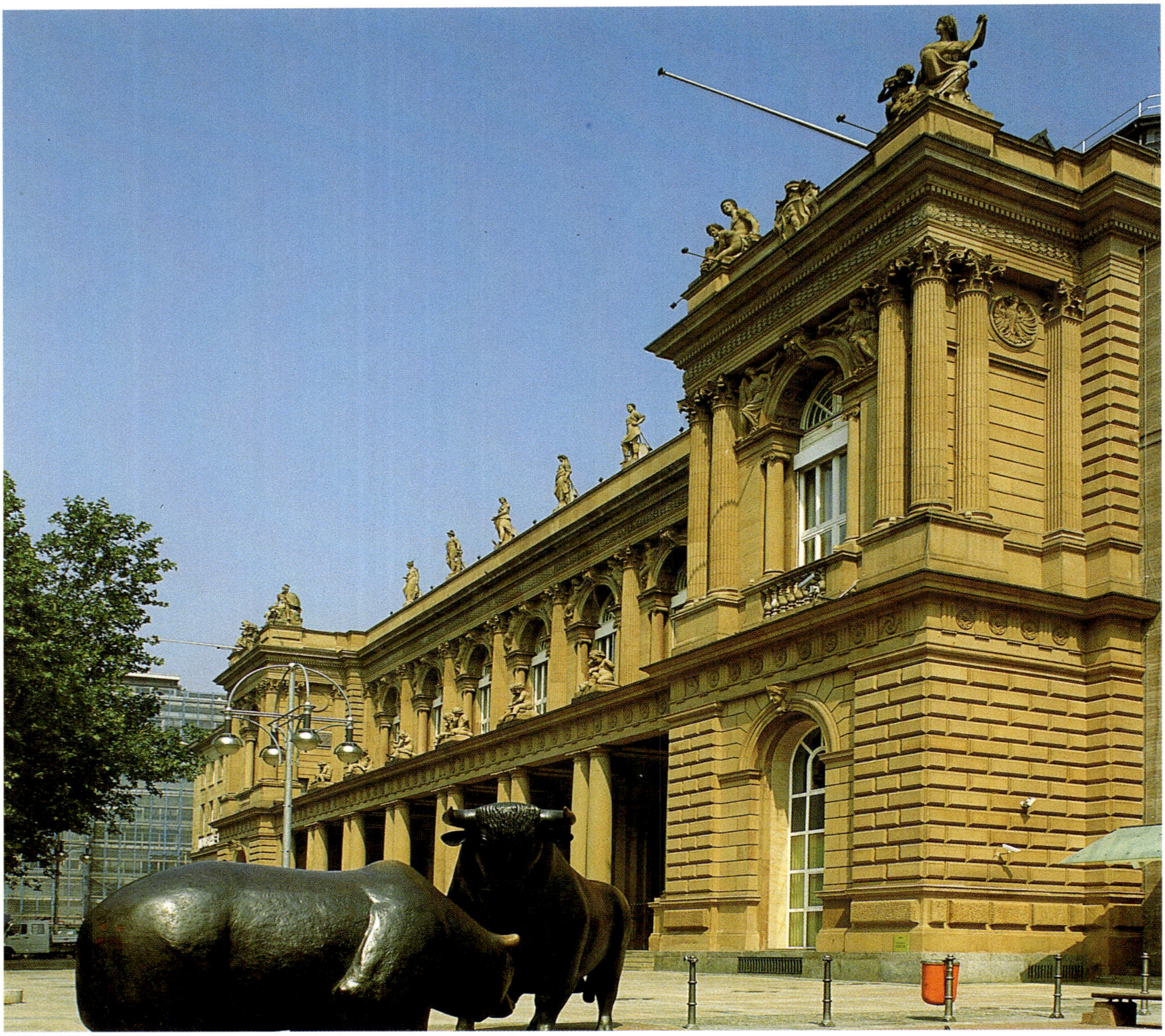

Die Frankfurter Börse setzt jeden Mittag die amtlichen Kurse für 17 Währungen fest. Unter ihrer langgestreckten Kuppel („Kapitalisten-Dom") liegt der Saal der Wertpapierbörse – der bedeutendsten im Lande. Dieser Schauplatz für Millionen wurde 1874–79 im Neorenaissance-Stil erbaut. Wenig später entstand die Kaiserstraße (Bild rechts). Von moderner Konkurrenz bedrängt, gilt sie dank einiger großartiger Fassaden noch immer als architektonisches Denkmal der Gründerzeit.

The Frankfurt Stock Exchange, Germany's most important, fixes the official exchange rates for 17 currencies every midday – under the long "Capitalist Dome". This setting for millions was built in neo-Renaissance style from 1874–79. Kaiserstraße (picture on right) was constructed a short time later. Although it feels the pressure of modern competitors, it is still regarded as an architectural monument of Germany's period of industrial expansion in the late 19th century.

La bourse de Francfort fixe le cours officiel de 17 devises. Sous le «dôme des capitalistes» se trouve la salle de la bourse des valeurs – la plus importante du pays. Ce théâtre des millions fut construit de 1874 à 1879 dans le style néo-Renaissance. La Kaiserstraße (photo à droite) date d'un peu plus tard. Bien qu'elle soit harcelée par la concurrence moderne, elle est considérée, grâce à quelques superbes façades, comme un monument architectonique de l'époque des fondateurs.

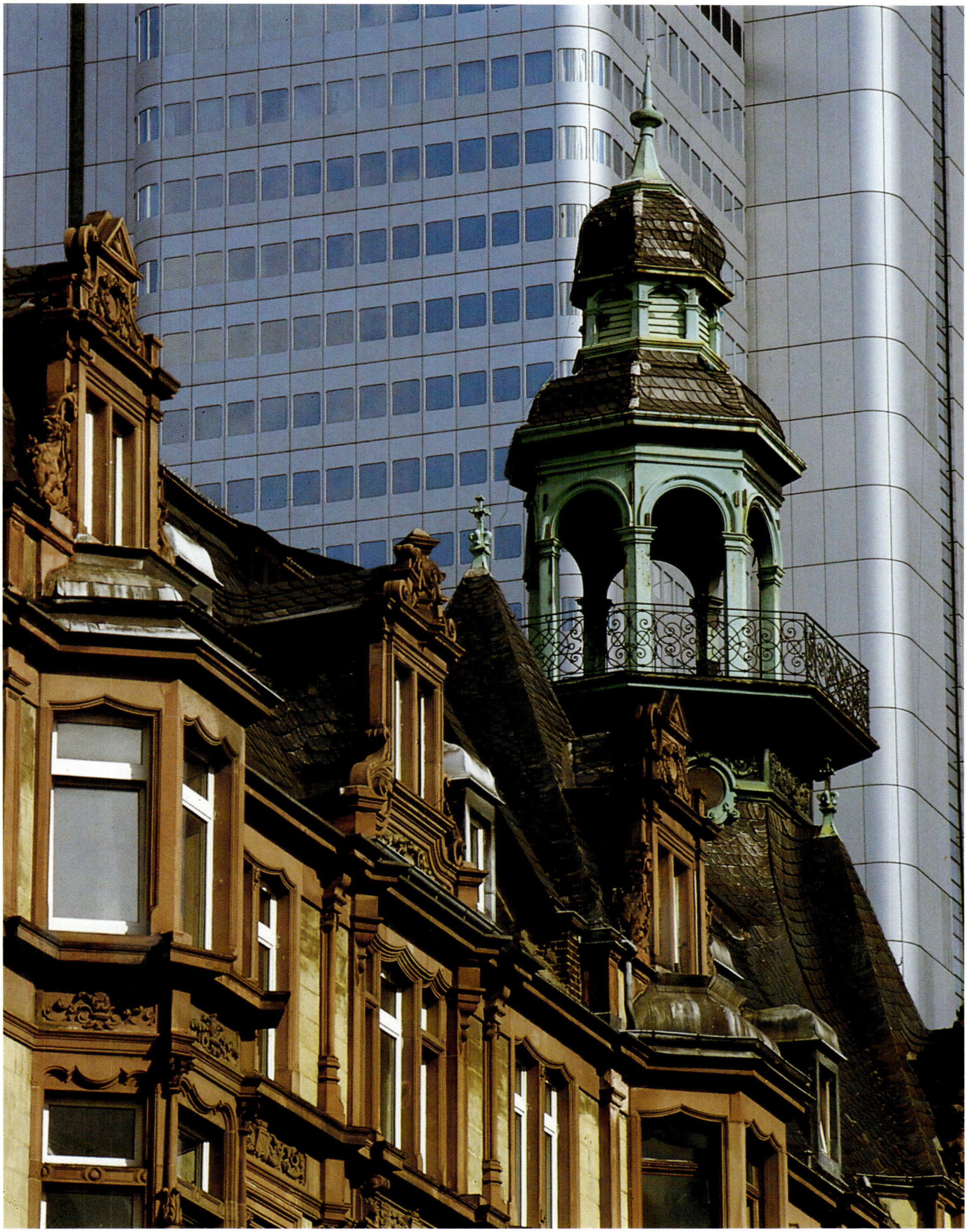

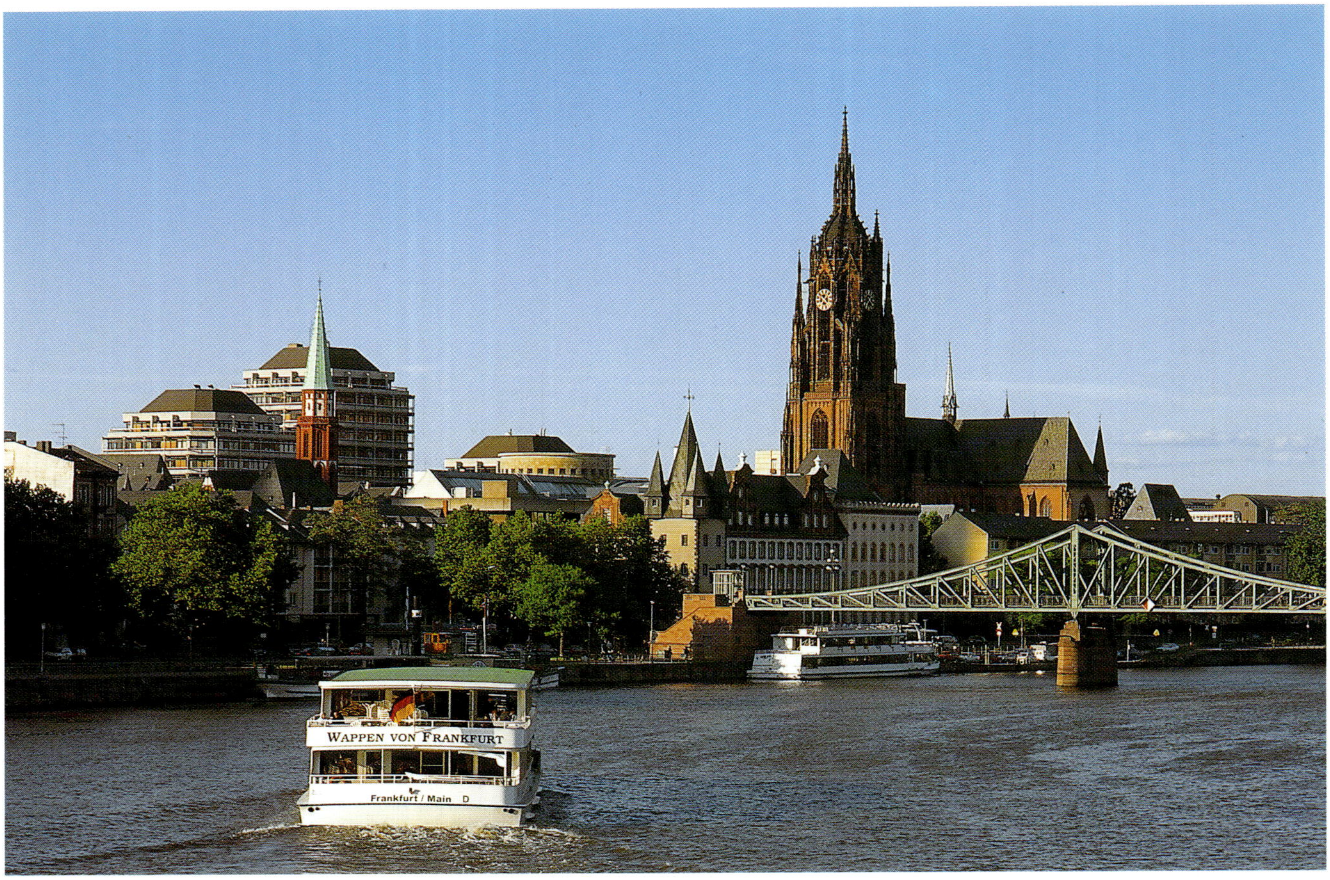

Die Brücke, die der Maler Max Beckmann – zur Zeit der Weimarer Republik Professor an der Frankfurter Städelschule – in seinem berühmten Bild verewigte, ist nicht mehr dieselbe. Der „Eiserne Steg" über den Main wurde 1945 gesprengt. Die Fußgänger, denen die Brücke heute vorbehalten ist, spazieren über eine detailgetreue Rekonstruktion. Das Original verdankten sie einer Bürgerinitiative im vorigen Jahrhundert. Um den Bau des „Eisernen Stegs" zu finanzieren, hatten sie eine Gesellschaft gegründet. 1869 wurde das vielbestaunte technische Wunderwerk eingeweiht. Als „Unkostenbeitrag" mußte jeder Benutzer einen Kreuzer Brückenzoll entrichten – bis 1886. Seitdem ist der „Steg" Eigentum der Stadt.

The bridge that the painter Max Beckmann – at the time of the Weimar Republic professor at Frankfurt Städelschule – immortalized in his famous picture is no longer the same. The "Iron Bridge" over the Main was blown up in 1945. Pedestrians, for whom the bridge is reserved today walk across a true-to-detail reconstruction. The original was the result of a citizen's action group in the previous century. An association was set up to finance contruction of the "Iron Bridge". In 1869 the awe-inspiring technical marvel was officially opened. Every user had to pay a bridge toll of one Kreuzer as a contribution towards costs – until 1886. Since then "Steg" has been city property.

Le pont, immortalisé par le peintre Max Beckmann – professeur, sous la République de Weimar, à la Frankfurter Städelschule – n'est plus le même: la «passerelle de fer» sur le Main fut détruite en 1945, mais c'est une copie fidèle. C'est le seul des cinq ponts de la ville qui soit réservé aux piétons. L'original était dû à une initiative des habitants de la ville au siècle dernier. Pour financer la «passerelle de fer», ils avaient fondé une compagnie. Cette merveille de la technique, provoquant l'admiration générale, fut inaugurée en 1869. Pour rentrer dans les frais, chaque personne qui l'empruntait devait payer un péage d'un Kreuzer – jusqu'en 1886. Depuis, le «Steg» est propriété de la ville.

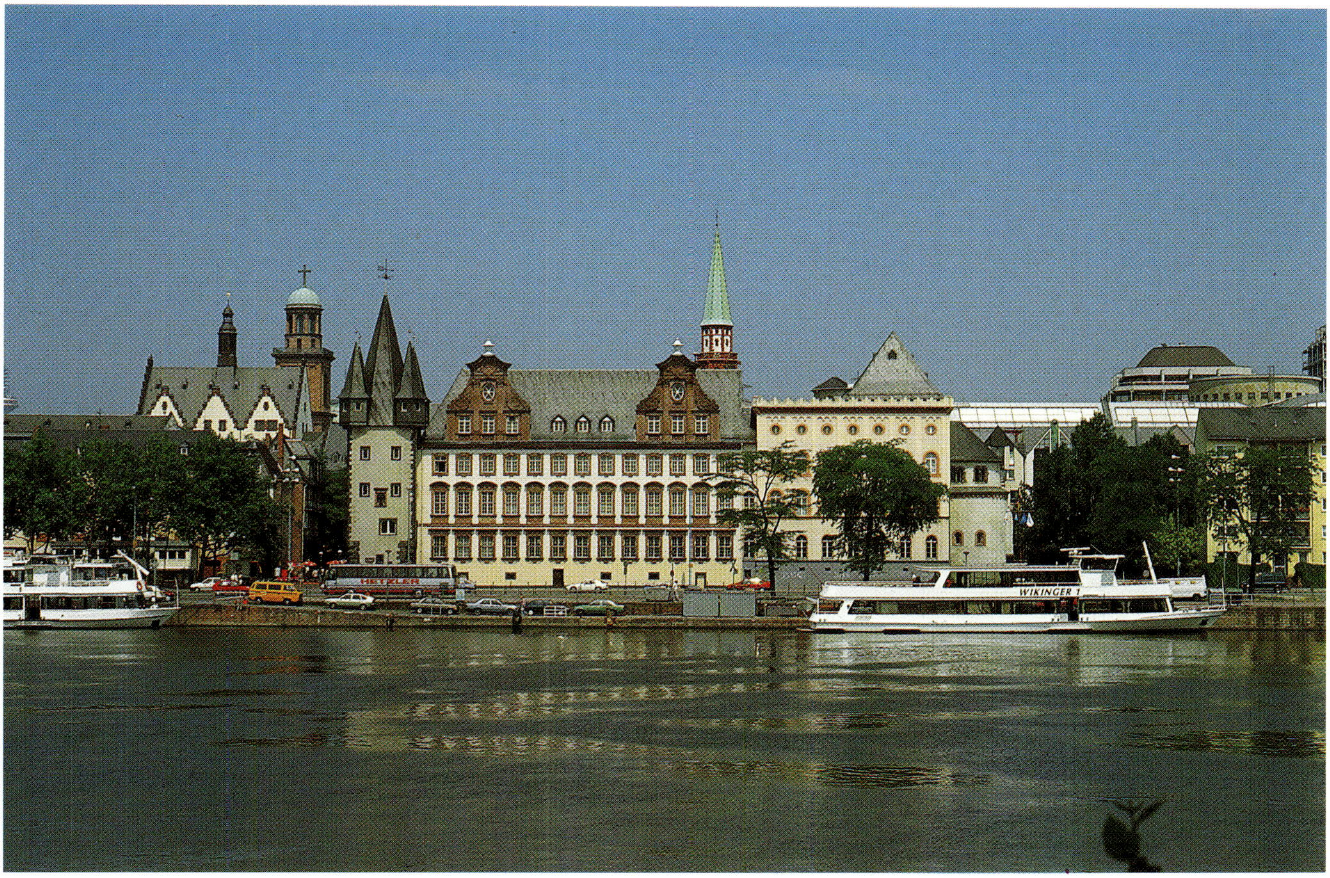

Zeugnis stolzer Vergangenheit ist auch der Rententurn aus der Mitte des 15. Jahrhunderts. Er diente als Zollstätte am Frankfurter Schifflandeplatz am Main, woran das Reichsadler-Relief an der Wasserfront erinnert. Bei seinem Nachbarn handelt es sich um die ehemalige staufische Königsburg aus dem 12. Jahrhundert. Der sogenannte Saalhof geriet 1333 in bürgerlichen Besitz und wurde später von niederländischen Tuchhändlern als Messehalle genutzt. Seine erhaltenen Teile sind heute dem Historischen Museum angegliedert, das zahlreiche Denkmäler aus Frankfurts Geschichte, Kunst und Kultur präsentiert.

"Rententurm" dating from the middle of the 15th century is also evidence of the pride of the past. It served as toll station at Frankfurt's ship landing site on the Main, as called to mind by the imperial eagle relief on the waterfront. Its neighbor is the fo:mer Hohenstaufen "Königsburg" from the 12th century. The so-called "Saalhof" became public property in 1333 and was later used as a fair hall by Dutch cloth traders. Its preserved sections are today part of the Historical Museum, which displays numerous monuments from Frankfurt's history, art and culture.

La «Rententurm», datant du milieu du 15e siècle, est également un témoin du fier passé de la ville. Elle servait de poste de douane sur le Main ce que rappelle l'aigle impérial du côté de la rivière. Quant à son voisin, il s'agit de l'ancien Königsburg des Hohenstaufen, datant du 12e siècle. Le Saalhof devint en 1333 propriété des bourgeois de la ville et fut utilisé, plus tard, par les marchands de tissus hollandais comme salle d'exposition. Les parties qui en restent sont incorporées au Historisches Museum qui comprend de nombreux monuments artistiques, culturels et historiques de Francfort.

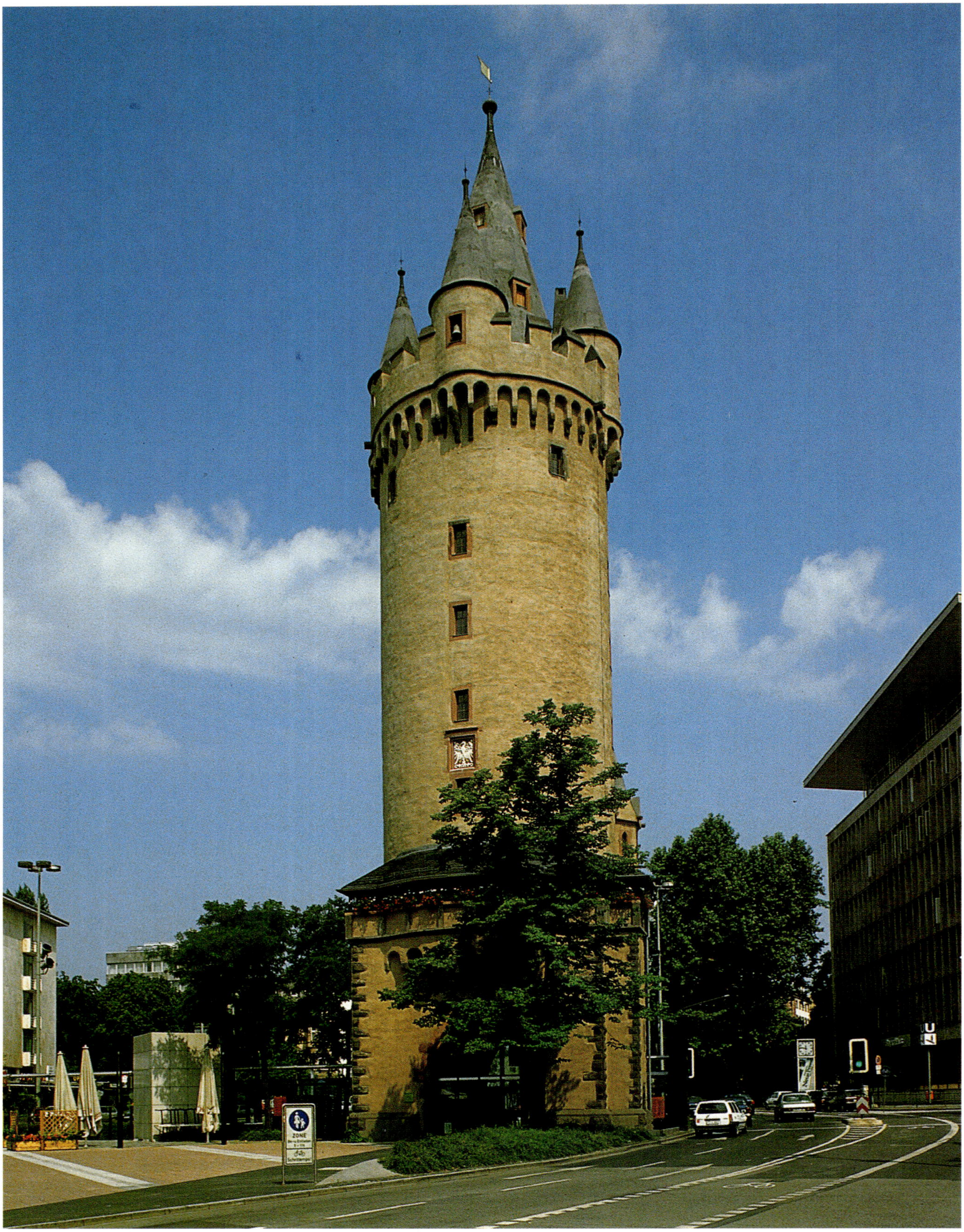
ZONE
U

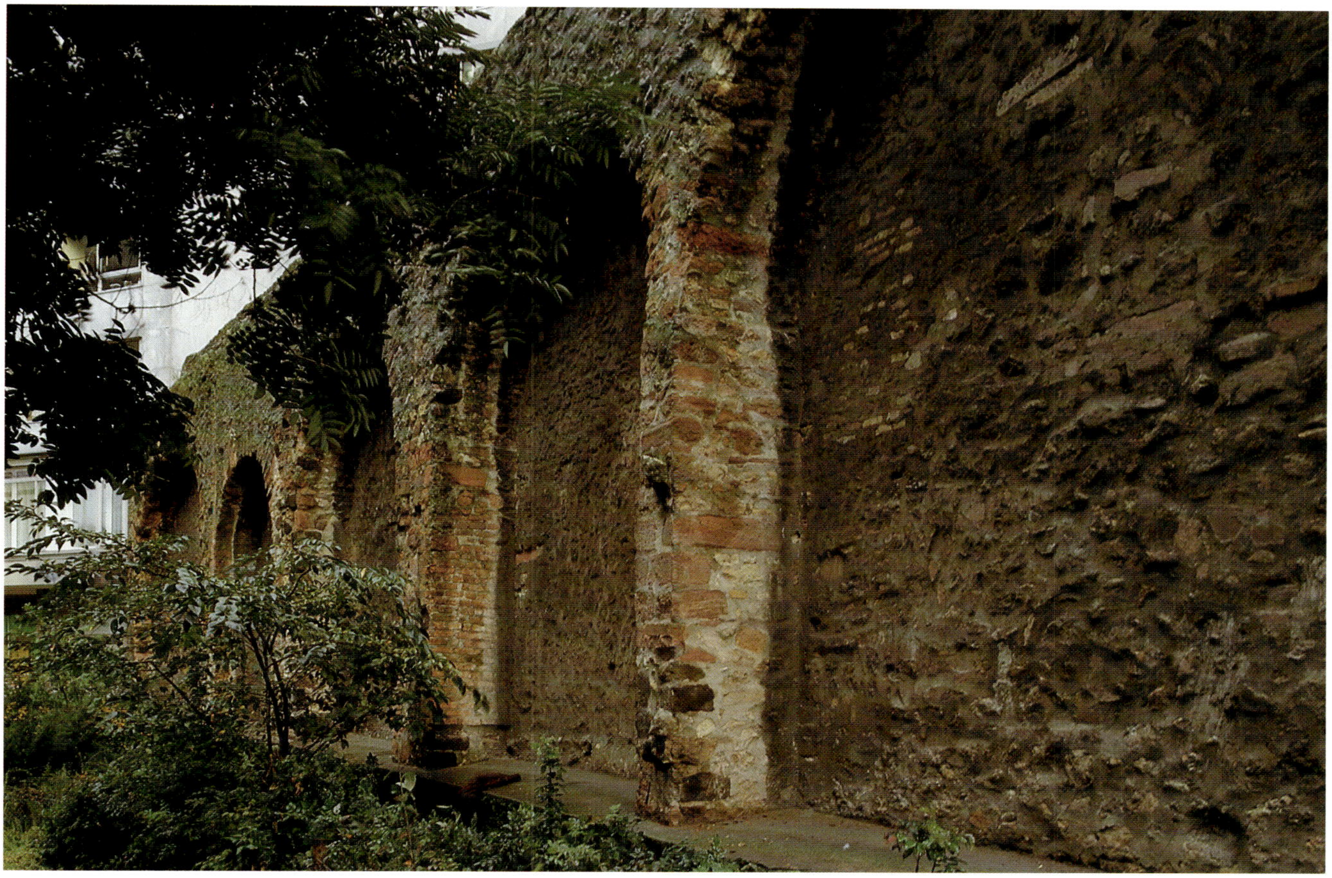

Der Eschenheimer Turm, heute vom großstädtischen Verkehrsstrom umbrandet, gehört zu den wenigen erhaltenen Giganten der mittelalterlichen Stadtbefestigung. Er war einer von insgesamt 60 Türmen der einst sehr stattlichen gotischen Umwehrung, und wurde 1428 von Dombaumeister Madern Gerthener vollendet. Einen Zipfel der staufischen Stadtbefestigung erhascht nur der, der sich abseits vom Einkaufstrubel begibt: nahe der Fahrgasse trotzt seit dem 12. Jahrhundert ein Mauerstück mit inseitigen Bogennischen dem Zahn der Zeit. Es wurde erst nach dem 2. Weltkrieg freigelegt.

Eschenheimer Tower, surrounded today by big-city traffic, is one of the few preserved gigantic structures of the medieval town fortifications. It was one of a total of 60 towers of the once very imposing Gothic defense structure around the city and was completed by the cathedral architect, Madern Gerthener, in 1428. Only if you move away from the shopping bustle, is it possible to catch a glimpse of a small portion of the Hohenstaufen town fortifications: Near Fahrgasse a piece of wall with arched niches on the inner side has been defying the ravages of time since the 12th century.

La tour Eschenheimer, encerclée de nos jours par la circulation de la grande ville, est l'un des rares témoins des anciens remparts colossaux qui ait survécu. Les fortifications gothiques comprenaient 60 tours et furent complétées en 1428 par l'architecte de la cathédrale Madern Gerthener. A l'écart de l'animation commerçante a subsisté un pan du mur des Hohenstaufen: près de la Fahrgasse, une muraille avec une niche résiste depuis le 12e siècle aux assauts du temps. Elle ne fut mise à jour qu'après la Deuxième Guerre Mondiale.

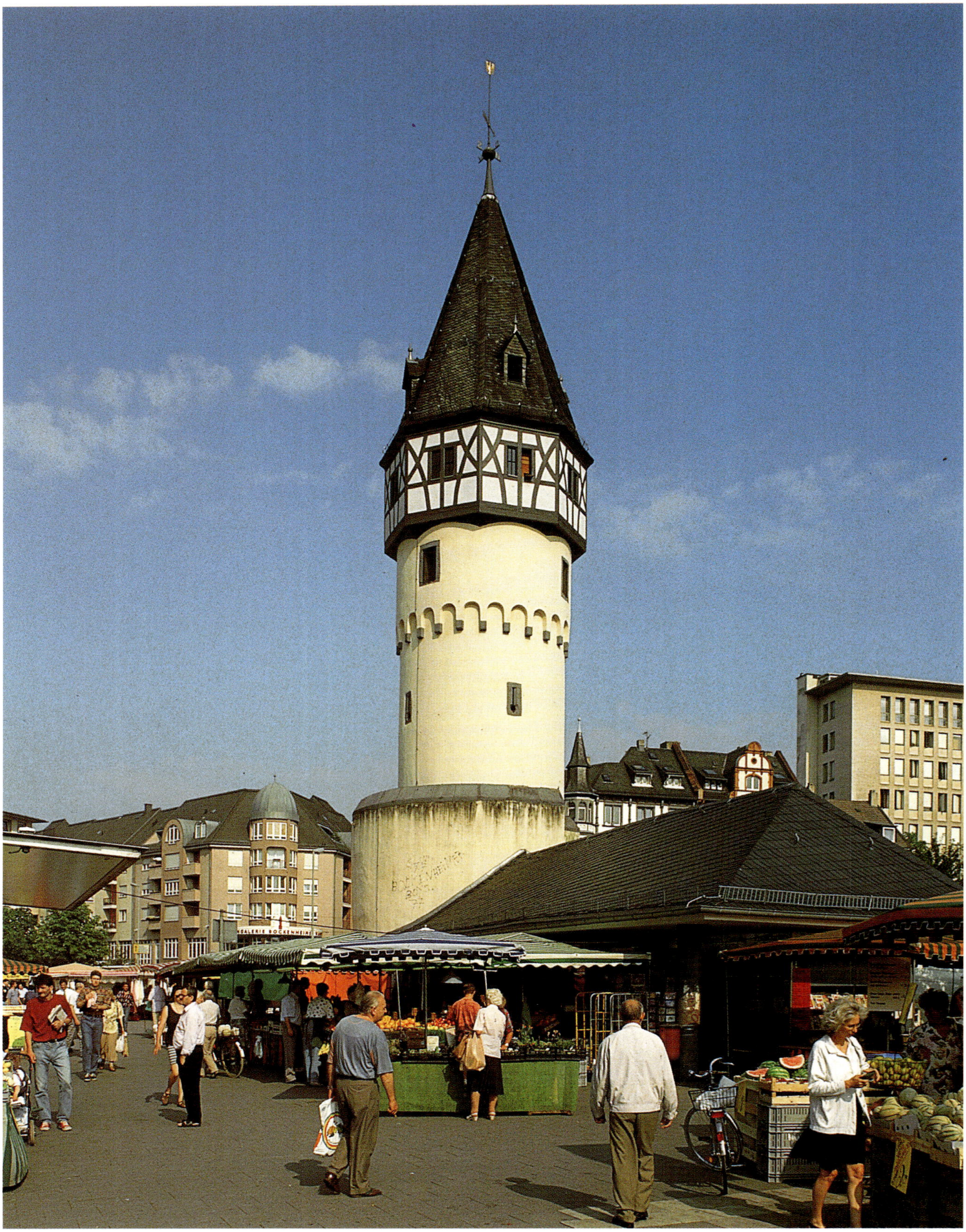

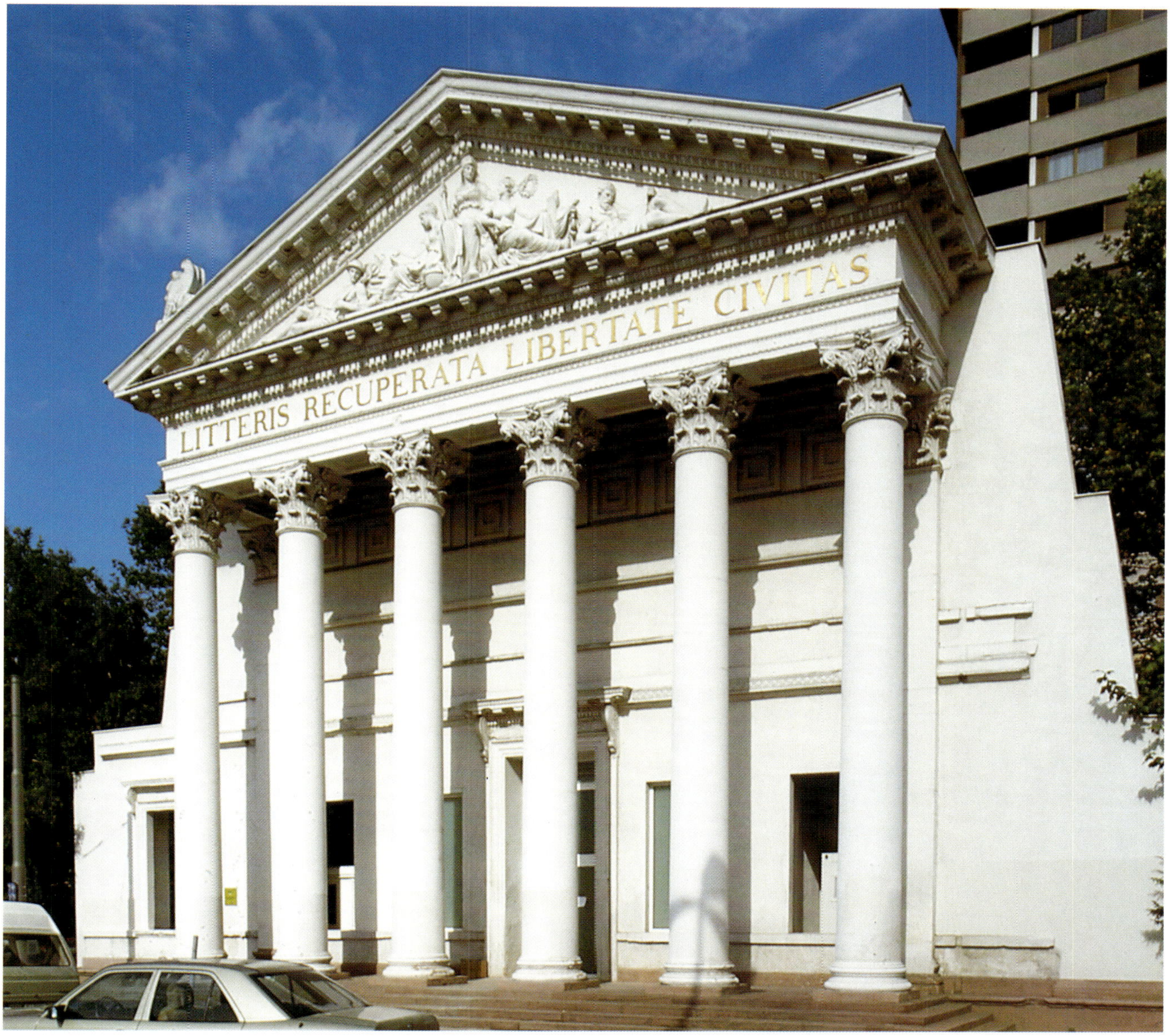

Der Landwehr-Ring um die Stadt war im 15. Jahrhundert gespickt mit fünf rundtürmigen Warten. Jede von ihnen umgab ein enger Mauerring mit Wehrgang, an den ein großer Hof mit Wirtschaftsbauten anschloß. Die Bockenheimer Warte von 1435 ist eine von vier erhalten gebliebenen; von hier aus wurde damals die Straße nach Köln kontrolliert. Nur noch Erinnerungswert hat auch das monumentale Portal der alten Frankfurter Stadtbibliothek von 1825, Relikt einer Bombennacht 1944.

The Landwehr Ring around the city was equipped with five circular observation towers in the 15th century. Each of them was surrounded by a tight ring-wall with a walkway along the battlements connected with a large courtyard with working quarters. The Bockenheimer Observation Tower from 1435 is one of four still intact; the road to Cologne was watched from here. The monumental portal of the old Frankfurt Town Library of 1825 also only has sentimental value.

Les défenses encerclant la ville, au 15e siècle, comprenaient cinq tours de garde rondes. Chacune d'entre elles était encerclée de murs avec un chemin de garde. Une grande cour avec des dépendances s'y rattachait. Le «Bockenheimer Warte» de 1435 est l'un des quatre postes de garde à avoir survécu. Il surveillait jadis la route de Cologne. Le portail monumental de la vieille bibliothèque municipale de 1825 n'a plus qu'une valeur de souvenir.

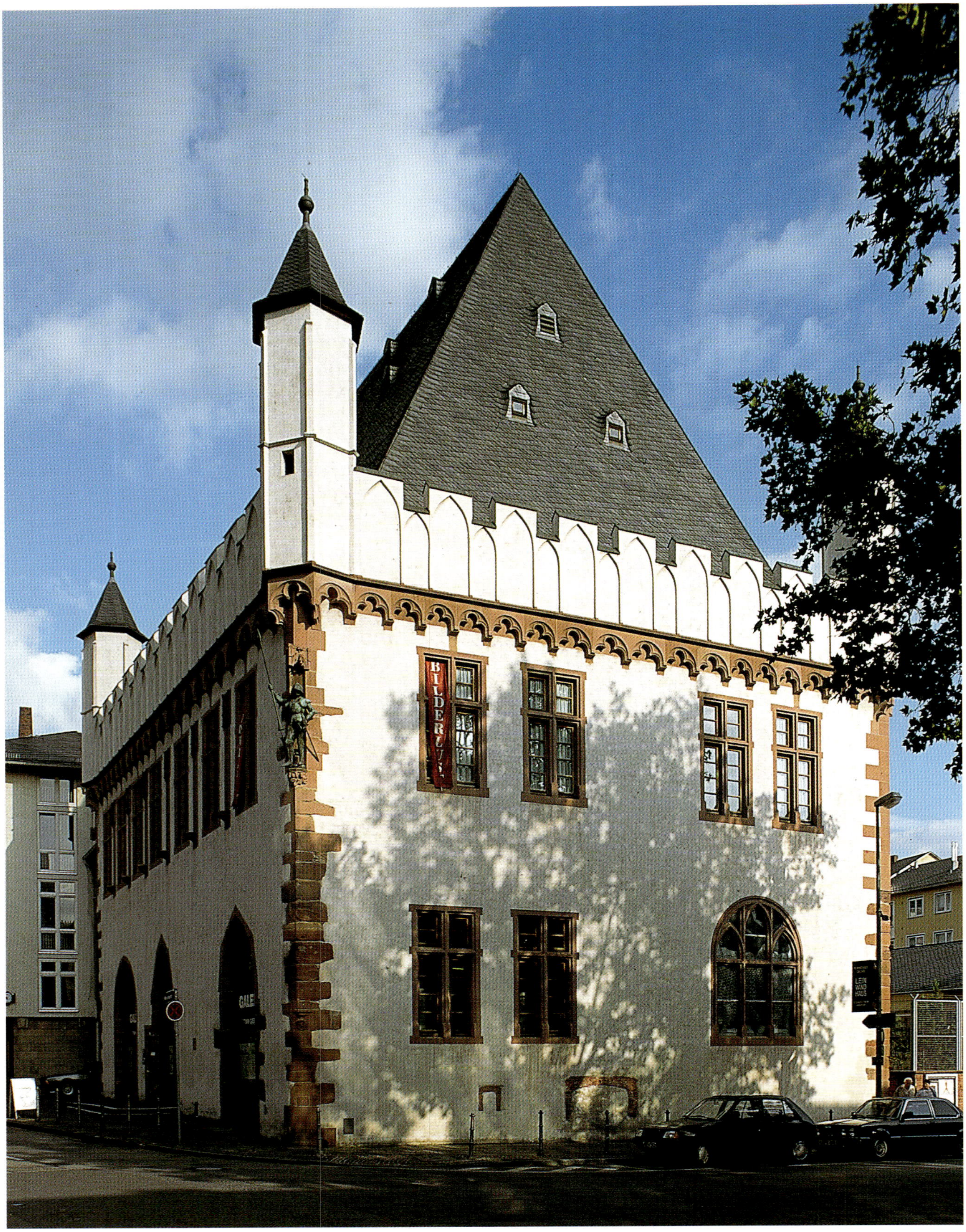
LEIN
WAND
HAUS

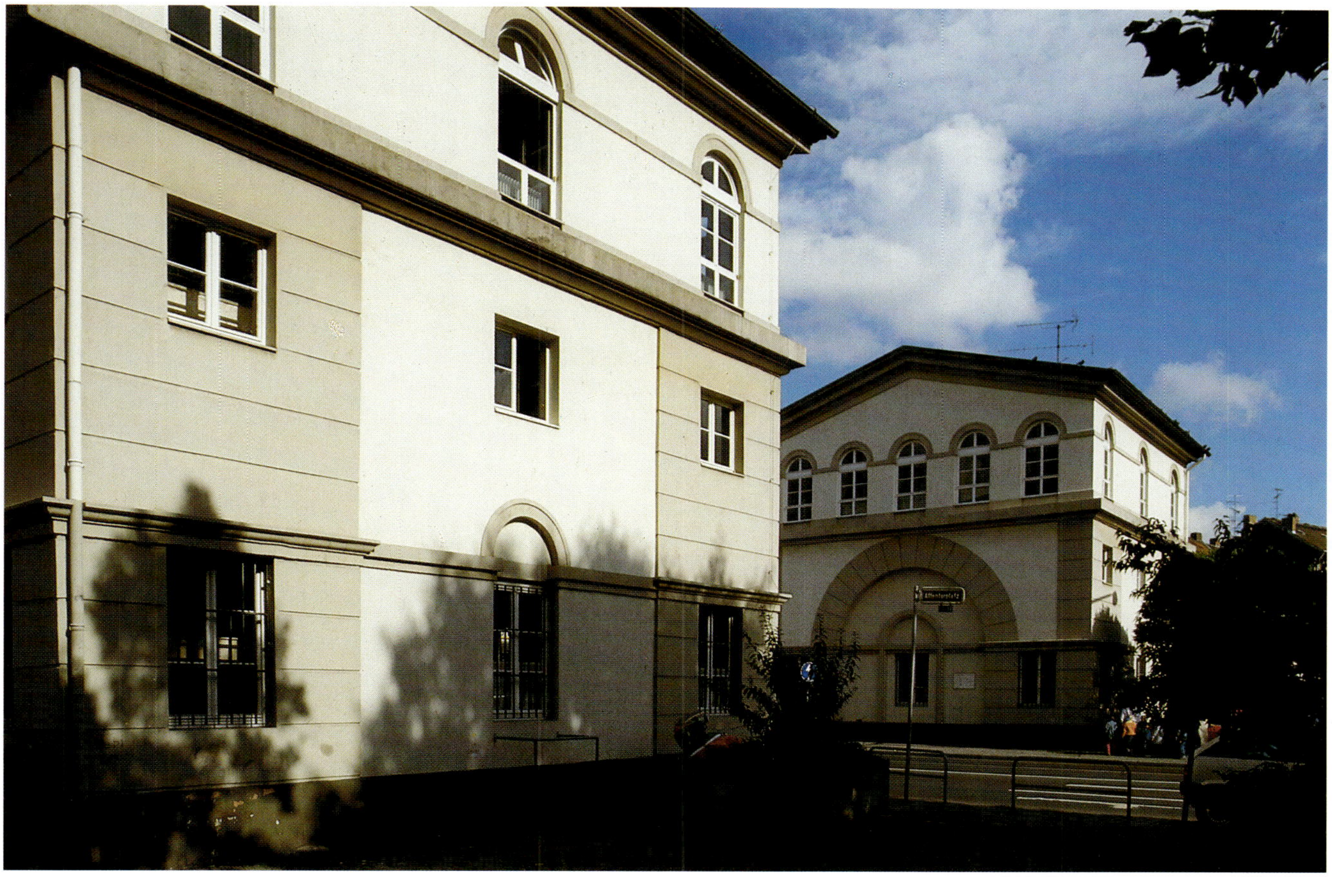

Daß Frankfurts Ruf als Handelsplatz weit zurückreicht, dokumentiert das Leinwandhaus am Weckmarkt (Bild links). Ab 1399 wickelten hier die Tuchhändler ihre Geschäfte ab, nutzten es als Verkaufs- und Stapelhalle für Leinen, Garn und Hanf. Wer genau hinsieht, entdeckt noch die Normal-Elle an seiner Fassade. Im 19. Jahrhundert beherbergte es Stadtgefängnis, Stadtschreiberei, Zollverwaltung und Schwurgericht. Jetzt ist das Leinwandhaus als Adresse der Galerie für bildende Kunst und Fotografie bekannt. Auch an den klassizistischen Torhäusern des Affentores (oben) paradieren längst keine Wachen mehr. Das, was 1811 als Zollgebäude entstand, sorgt heute allenfalls für einen melancholischen Akzent.

The fact that Frankfurt's reputation as a trading center dates back a long time is documented by Leinwandhaus at Weckmarkt (picture on left). Beginning in 1399, cloth traders carried out their transactions here, used it as a hall for the sale and storage of linen, thread and hemp. If one looks closely, one also discovers "Normal-Elle" by its facade. In the 19th century it accommodated the city prison, city clerical office, customs administration and jury court. Today Leinwandhaus is known as the address of the Gallery of Fine Arts and Photography. Sentries have not marched along the classicist gate building of "Affentor" (above) for a long time either. The edifice that was completed in 1811 as customs building today creates, at best, a melancholy accent.

La Leinwandhaus, sur le Weckmarkt, documente le fait que la réputation de ville commerçante de Francfort est très ancienne (photo à gauche). Dès 1399 les marchands de tissus faisaient ici des affaires. Ils utilisaient l'édifice comme salle de vente et pour entreposer la toile de lin, le fil et le chanvre. Qui regarde bien trouvera encore, sur la façade, l'aune réglementaire. Au 19e siècle la Leinwandhaus servait de prison, de chancellerie municipale, de douane et de cour d'assises. Maintenant c'est une galerie de photographie et d'arts plastiques. Aux portes de style roman Affentor (ci-dessus), on ne monte plus la garde depuis longtemps. Construits en 1811, ces postes de douane sont empreints, aujourd'hui, d'une certaine mélancolie.

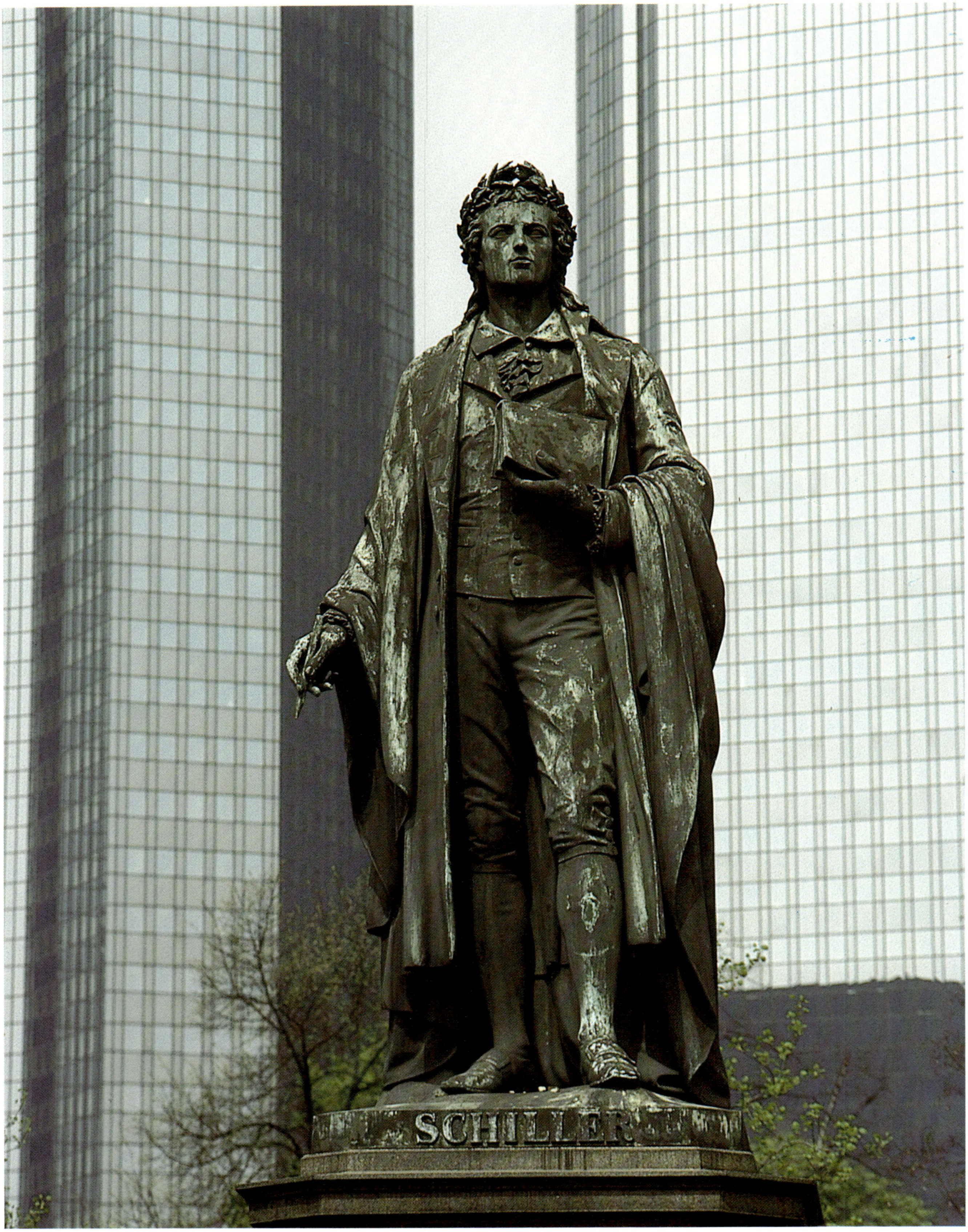
SCHILLER

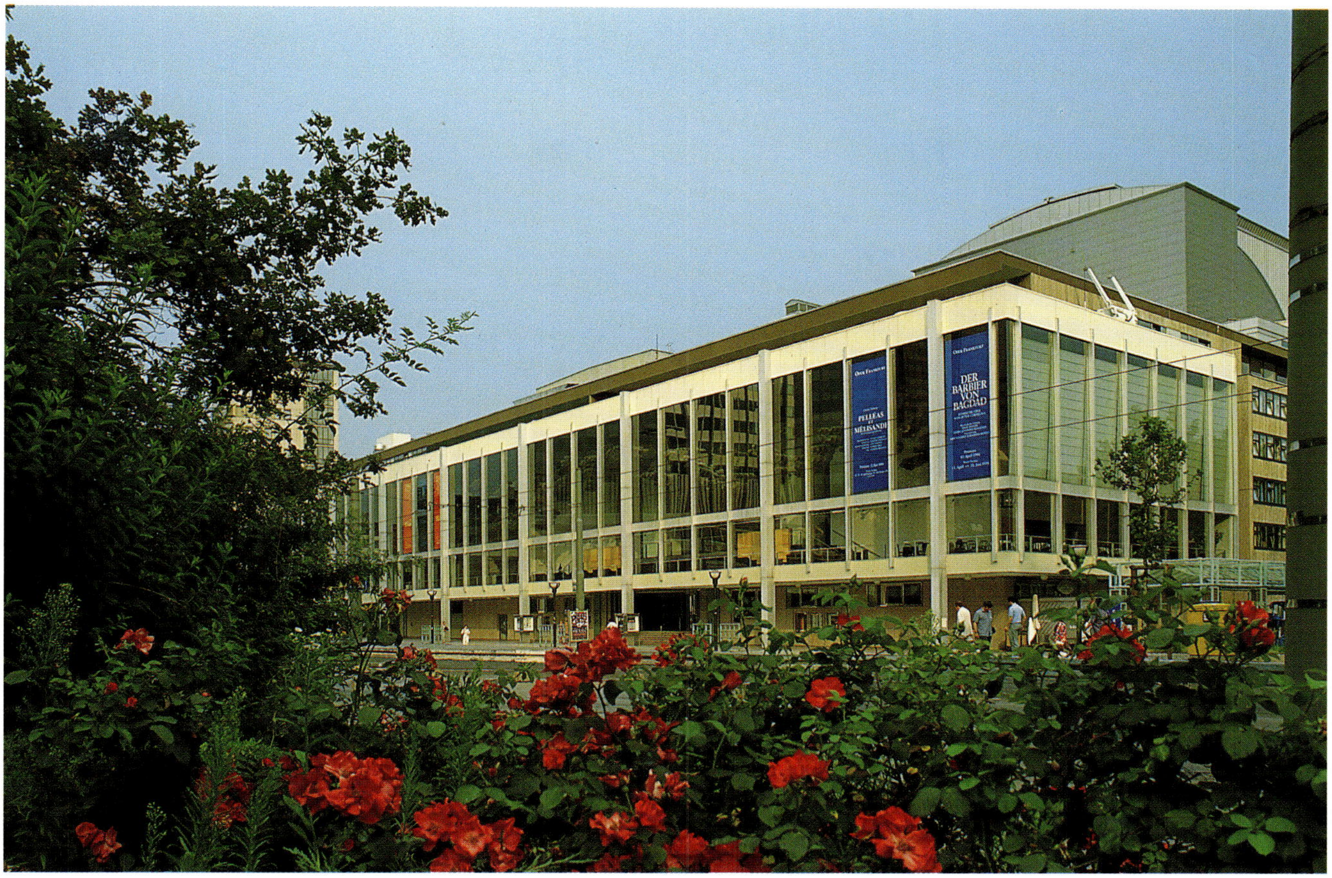

Laufsteg der Musen

Sturm und Drang erlebt Frankfurt nicht erst seit die Chefetagen in den Himmel wachsen. Kultur wurde schon immer großgeschrieben und ihren Helden zahlreiche Denkmäler gesetzt. Der überlebensgroßen Bronzestatue von Friedrich Schiller aus dem vorigen Jahrhundert begegnet man in der Taunusanlage. Auf ein Marc-Chagall-Original stößt, wer die Städtischen Bühnen (Bild oben) besucht. In dem 1963 vollendeten Neubau fanden sich die Bühnen von Oper, Schauspiel und Kammerspiel unter einem Dach zusammen.

Frankfurt has not been experiencing Storm and Stress since the executive floors started growing up to the sky. Culture has always been emphasized here and its heroes commemorated with numerous momuments. The larger-than-life bronze statue of Friedrich Schiller from the previous century can be seen in the Taunus grounds. Those who visit the Municipal Theater (picture above) will encounter a Marc Chagall original. The stages for opera, theater and studio theater were put under one roof in the new building completed in 1963.

Francfort ne vit pas le «Sturm und Drang» que depuis la montée dans le ciel des étages à bureaux. La culture y joua toujours un grand rôle et de nombreux monuments furent élevés à ses héros. Dans la Taunusanlage l'on trouve la statue de bronze de Friedrich Schiller, plus grande que nature. Qui visite les Städtische Bühnen (photo ci-dessus) trouvera un original de Marc Chagall. Dans l'édifice complété en 1963 les scènes d'opéra et de théâtre sont réunies sous un seul toit.

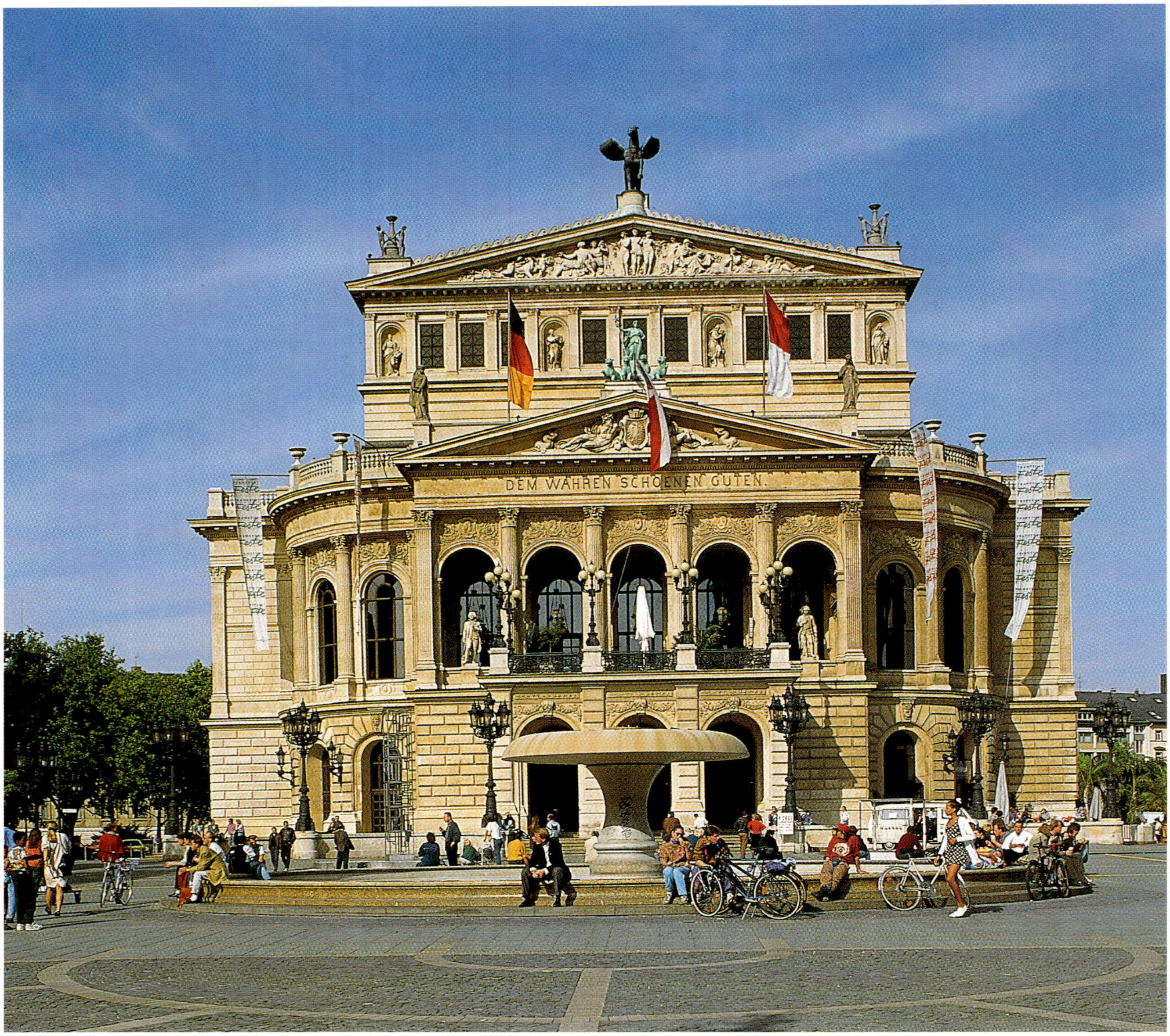

Als der rekonstruierte Monumentalbau 1981 eröffnet wurde, hagelte es Proteste. Die Oper, im 19. Jh. im Stil des Historismus erbaut und 1944 zerbombt, hält nicht mehr, was ihr Name verspricht. Hinter ihrer ehrwürdigen Schale verbirgt sich ein Vielzwecktempel für die Künste. In mehreren Sälen, der größte für 2500 Menschen, finden nun Kongresse, Pop- und Klassik-Konzerte oder Live-TV-Shows statt. Ob das Goethe gefallen hätte? Sein bronzenes Ebenbild von 1840 läßt nichts Gegenteiliges verlauten.

When the reconstructed monumental edifice was opened in 1981, it was received with a hail of protest. The Opera House, built in the style of historicism in the 19th century and bombed in 1944, is now a multi-purpose temple for the arts of today. In its several halls, the largest of which holds roughly 2500 persons, conferences, pop and classical concerts or live TV shows take place. Would this have pleased Goethe? His bronze image from 1840, in any case, gives no indication to the contrary.

Lorsque l'édifice fut réouvert en 1981, les protestations se déchaînèrent. L'opéra, construit au 19e siècle dans le style de l'historicisme et détruit par les bombes en 1944 ne tient pas ce que son nom promet. Derrière son honorable coque se cache un temple aux multiples utilisations pour les arts de notre époque. Congrès, concerts de musique pop et de musique classique ou «live shows» pour la télévision. Cela aurait-il plu à Goethe? Sa statue de bronze de 1840 n'exprime aucune désapprobation.

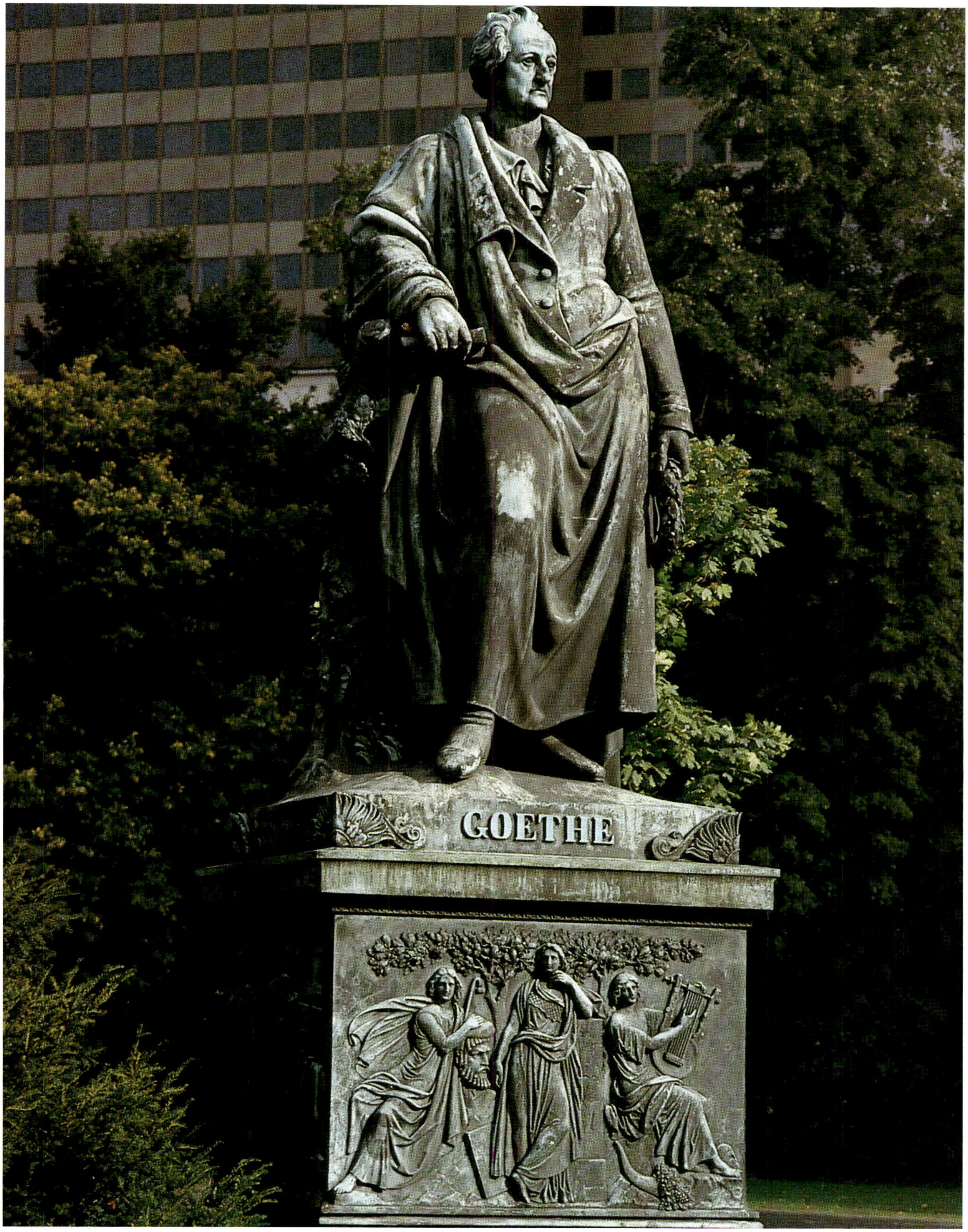
GOETHE

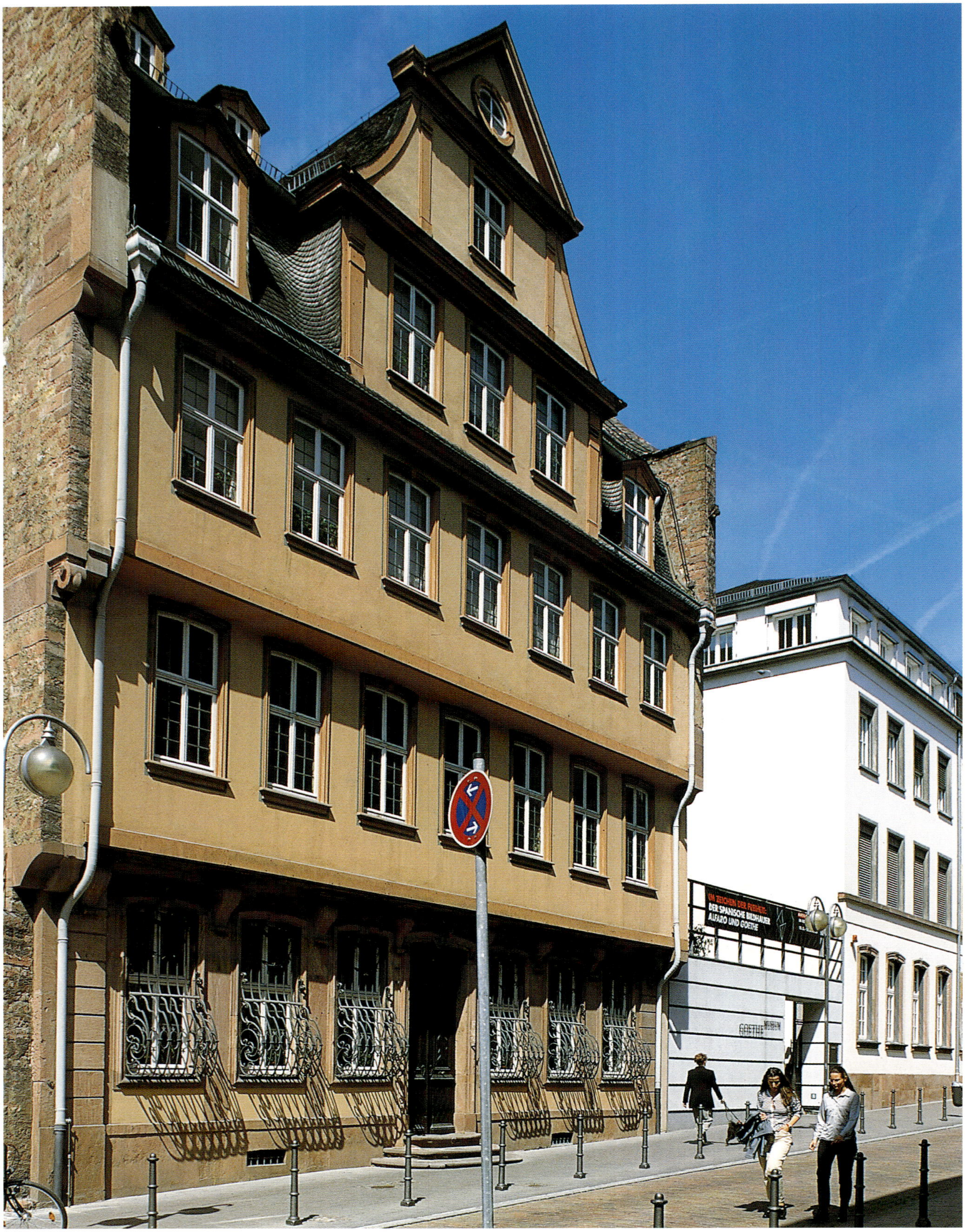
DER SPANISCHE BILDHAUER
ALFARO UND GOETHE
GOETHE

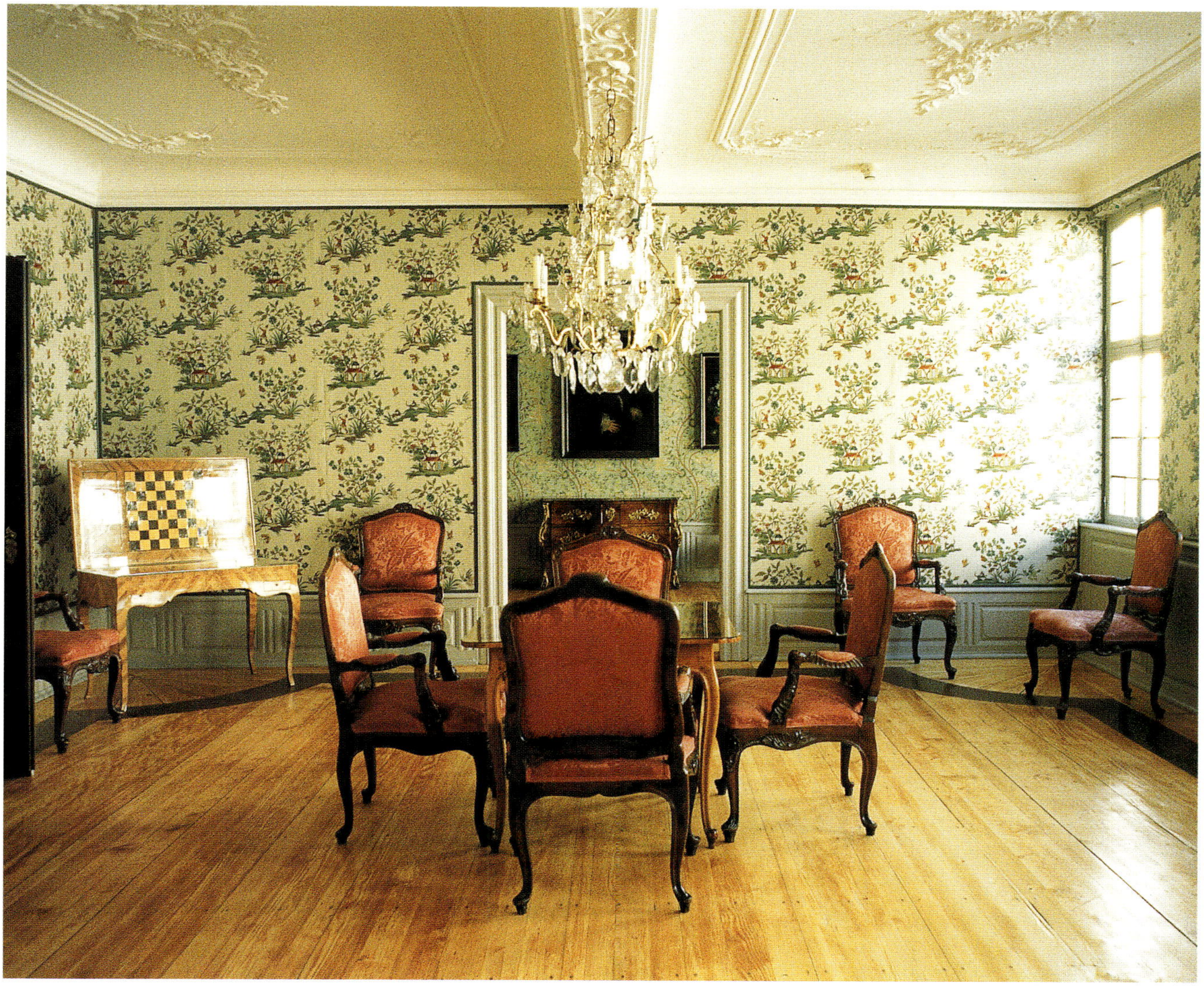

Im Haus Großer Hirschgraben 23 wurde 1749 Johann Wolfgang von Goethe geboren. Die ursprünglich zwei Gebäude ließ Vater Goethe 1756 in ein Wohnhaus umgestalten, das jedoch Ende des Zweiten Weltkrieges zerstört wurde. Nach dem Wiederaufbau 1951 präsentiert sich das Elternhaus des Dichters in der bürgerlichen Gediegenheit des 18. Jahrhunderts, da die Inneneinrichtung – wie dieser spätbarocke Salon – gerettet werden konnte. Das Haus ist jetzt mit dem Goethe-Museum verbunden und mit vielen Bildern, Dokumenten und Objekten ein Wegweiser durch Goethes Zeit.

In 1749 Johann Wolfgang von Goethe was born in the house at Großer Hirschgraben 23. Father Goethe had the original two buildings converted into one unified residential house, which was destroyed at the end of the World War II, however. After its complete reconstruction in 1951 the house of birth of the poet presents itself in the bourgeois solidity of the 18th century as the interior furnishings – such as this late baroque salon – were able to be saved. The house is now connected with the Goethe Museum, and is with many pictures, documents and objects a guide through Goethe's times.

Dans la maison no 23 de la rue Großer Hirschgraben, naquit en 1749, Johann Wolfgang von Goethe, le père du poète avait réuni en 1756, deux maisons d'habitation en une seule mais elle fut détruite à la fin de la Deuxième Guerre Mondiale. La maison natale de Goethe fut reconstruite en 1951. Elle se présente dans toute la solidité de la bourgeoisie du 18e siècle, l'ameublement – comme ce salon de la fin du baroque – ayant pu être sauvé. La maison, jointe au Goethe-Museum, avec ses images, ses documents et ses objets nous replace aux temps du poète.

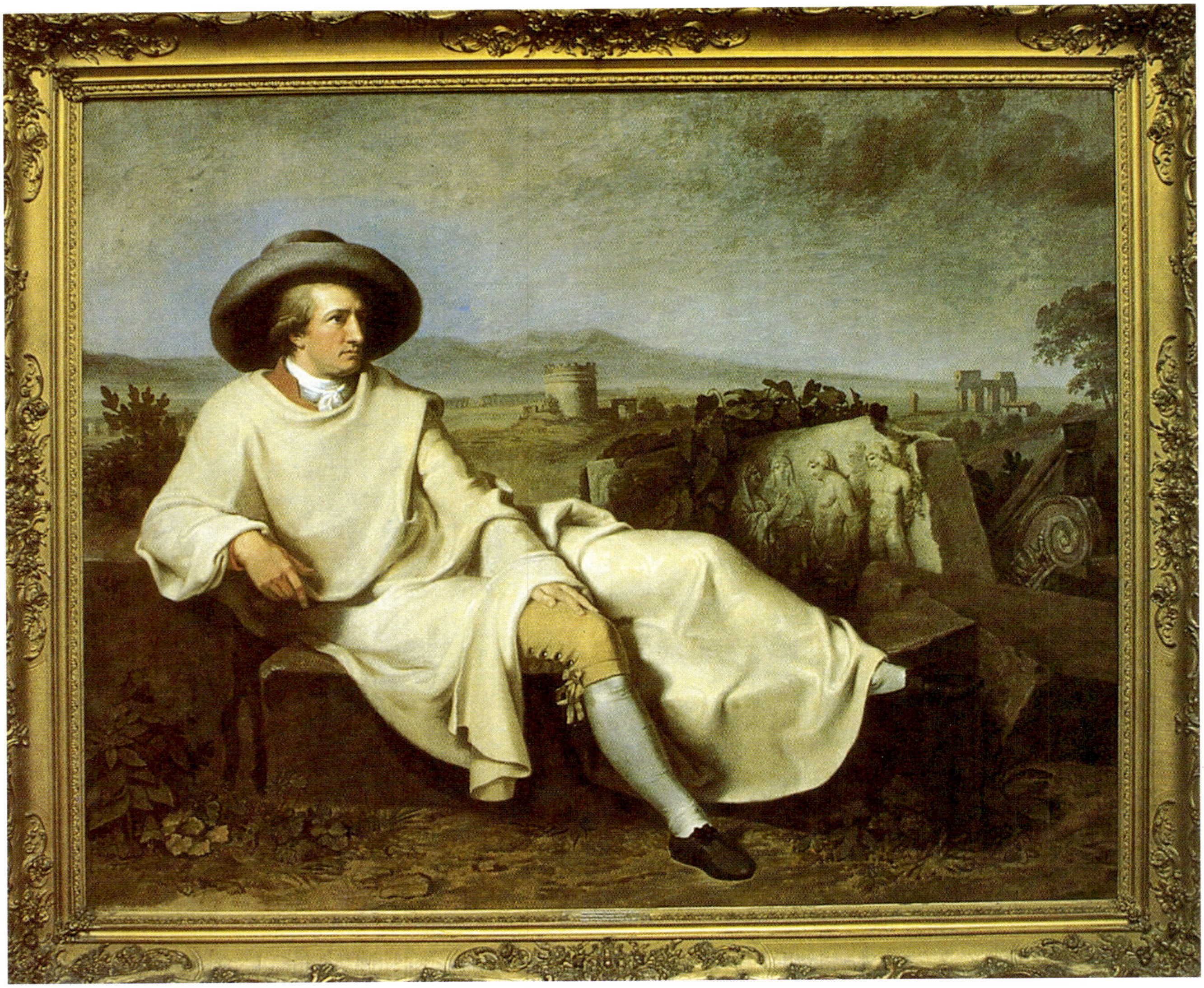

Goethe blieb nicht in Frankfurt. Im Alter von 26 Jahren brach er nach Weimar auf und kehrte später außer zu Stippvisiten auch nicht an den Main zurück. Aber noch bevor er sein Bürgerrecht dort aufgab, entstanden in Frankfurt Werke wie „Dichtung und Wahrheit" oder die „Leiden des jungen Werther". Dem großen, wenn auch abtrünnigen Sohn der Stadt setzte J.H.W. Tischbein 1787 mit einem Gemälde ein Denkmal. „Goethe in der Campagna" findet man heute im Städelschen Kunstinstitut/Städtische Galerie am Schaumainkai. Die bedeutende Sammlung geht auf eine Stiftung des Frankfurter Bankiers Johann Friedrich Städel zurück.

Goethe did not stay in Frankfurt. At the age of 26 he set off to Weimar and did not return to the Main later, except for flying visits. But even before he gave up his civil rights there, works such as "Dichtung und Wahrheit" or "Leiden des jungen Werther" were written in Frankfurt. J.H.W. Tischbein left a memorial to the great, though disloyal son of the city with a painting in 1787. Today one can find "Goethe in der Campagna" in the Städelschen Art Institute/Municipal Gallery at Schaumainkai. The significant collection dates back to a donation of the Frankfurt banker, Johann Friedrich Städel.

Goethe ne resta pas longtemps à Francfort. A l'âge de 26 ans, il partit pour Weimar et ne revint dans la ville sur le Main que pour de brèves visites. Cependant, avant qu'il ne renonce à ses droits de citoyen de cette ville, il y fit publier des œuvres comme «Poésie et Vérité» ou les «Souffrances du Jeune Werther». J.H.W. Tischbein dédia ce tableau en 1787 au célèbre fils de la ville: «Goethe en Campanie» que l'on trouve aujourd'hui dans le Städelschen Kunstinstitut/Städtische Galerie sur le Schaumainkai. Cette remarquable collection remonte à la fondation du banquier de Francfort Johann Friedrich Städel.

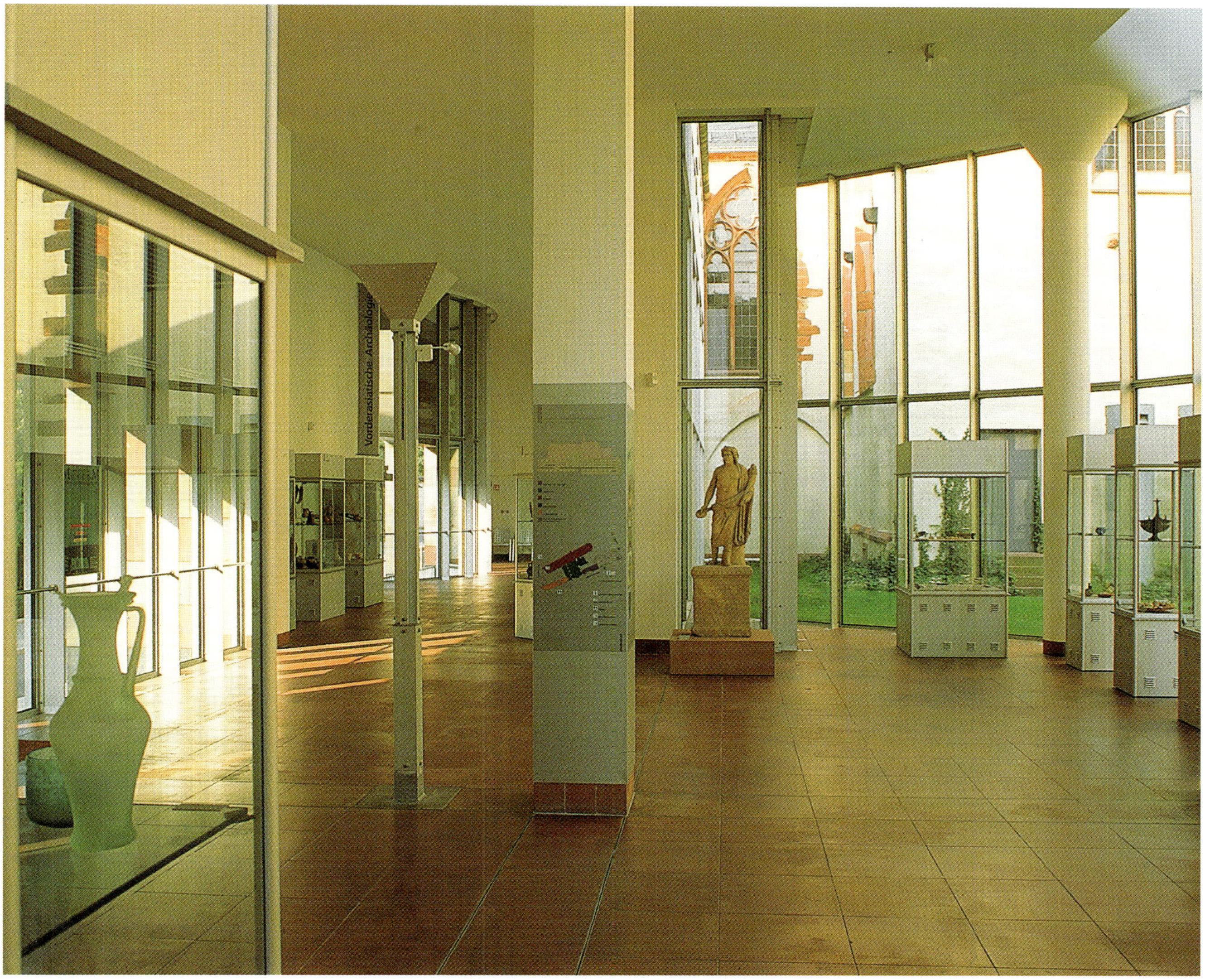

Das hätten sich die ehrwürdigen Karmeliterinnen nicht träumen lassen: Seit 1989 schmiegt sich ein fröhliches „Zebra“ an den Seitenflügel ihrer Kirche. Im Museum für Vor- und Frühgeschichte kann man lichtdurchflutet durch die Anfänge der Mainmenschen schlendern. Die Idee mit den ocker- und rotfarbenen Sandsteinplatten, die von glänzenden Schrauben gehalten werden, stammt von dem Berliner Josef P. Kleihues.

The venerable Carmelite nuns would never have dreamed of it: a cheerful "zebra" has been nestling against the side wing of their church since 1989. You can stroll through the beginnings of human settlement along the Main, bathed in light, in the Museum of Prehistory and Early History. The idea with the ochre- aund red-colored sandstone slabs, held in place by shiny bolts, came from Josef P. Kleihues from Berlin.

Jamais les dignes carmélites n'auraient rêvé de ceci. Depuis 1989 un joyeux «zèbre» se blottit contre l'aile de leur église. Dans le musée de la Préhistoire et de la Protohistoire on peut, baigné de lumière, accompagner les premiers pas de l'humanité au bord du Main. L'idée des plaques de grès ocres ou rouges retenues par des vis brillantes est due aus Berlinois Josef P. Kleihues.

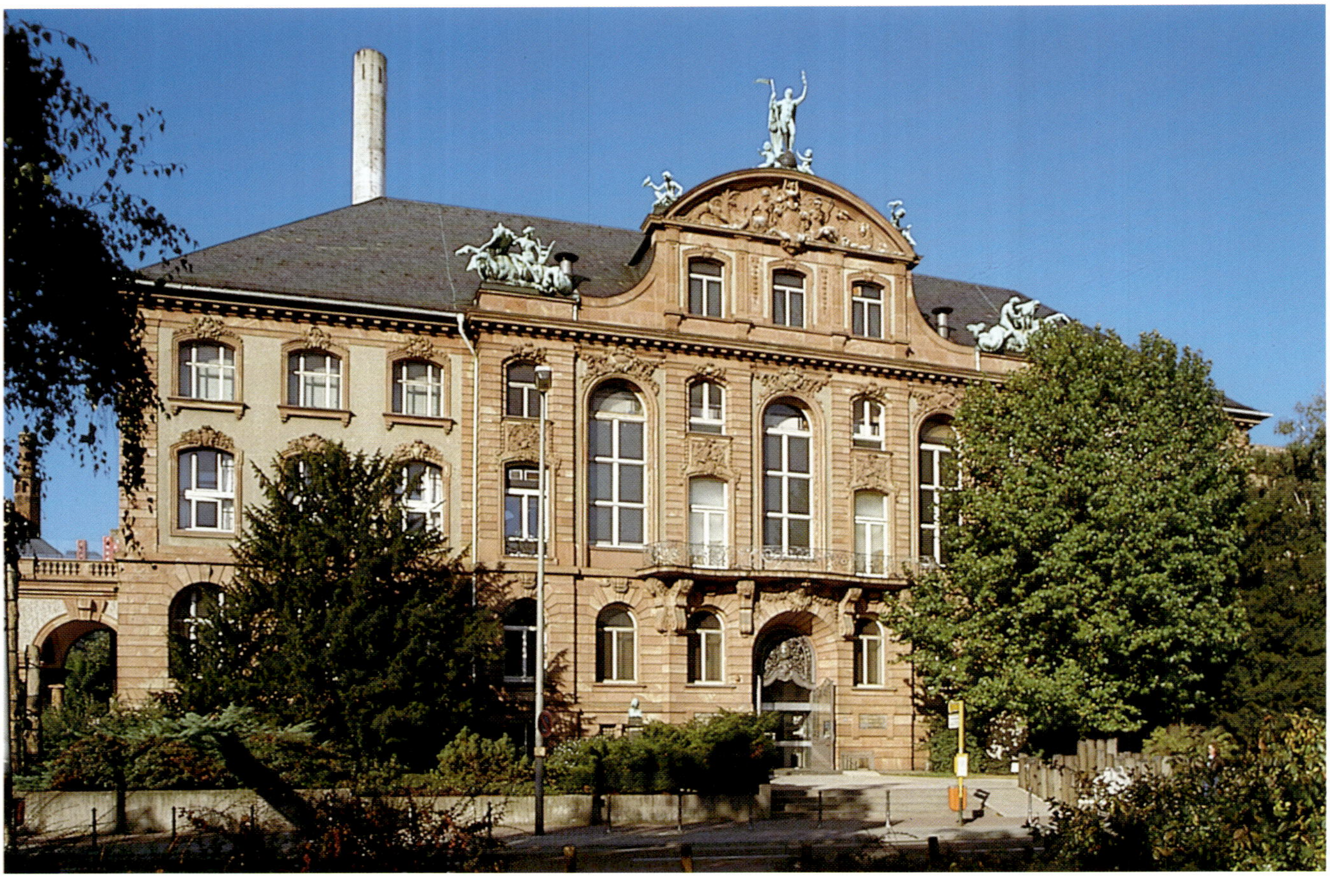

Für eine Reise in die Erdgeschichte ist das Senckenberg-Museum genau das Richtige. Es zählt zu den modernsten naturhistorischen Museen Europas und basiert auf einer Stiftung des Frankfurter Arztes Johann Christian Senckenberg (1707–72), der sein gesamtes Vermögen der Wissenschaft zur Verfügung gestellt hatte. 1817 kam es zur Gründung der Senckenbergischen Naturforschenden Gesellschaft, die noch heute eine wichtige Forschungseinrichtung ist. Nachdem 1821 ein erstes Museum am Eschenheimer Turm entstanden war, zog es 1907 in den geräumigen Barockbau an der Senckenberganlage um.

The Senckenberg Museum is just the right place for a trip into geological history. It is among the most modern natural history museums in Europe and is based on a donation of the Frankfurt physician, Johann Christian Senckenberg (1707–72), who placed his entire assets at the disposal of science. The Senckenberg Natural Research Society, which is still an important research institute today, was founded in 1817. After the first museum was set up at Eschenheimer Tower in 1821, it moved to the expansive baroque edifice on the Senckenberg grounds in 1907.

Dans le Senckenberg-Museum on peut faire un voyage à travers l'histoire de la terre. C'est l'un des musées d'histoire naturelle parmi les plus modernes d'Europe. Il remonte à la fondation du médecin de Francfort Johann Christian Senckenberg (1707 à 1772) qui avait mis toute sa fortune à la disposition de la science. En 1817 fut fondée la Société Senckenberg pour l'Exploration de la Nature. C'est, encore de nos jours, un organisme de recherche important. Après qu'en 1821 un premier musée eut été aménagé à la Eschenheimer Turm, on l'installa, en 1907, dans le spacieux édifice baroque du complexe de Senckenberg.

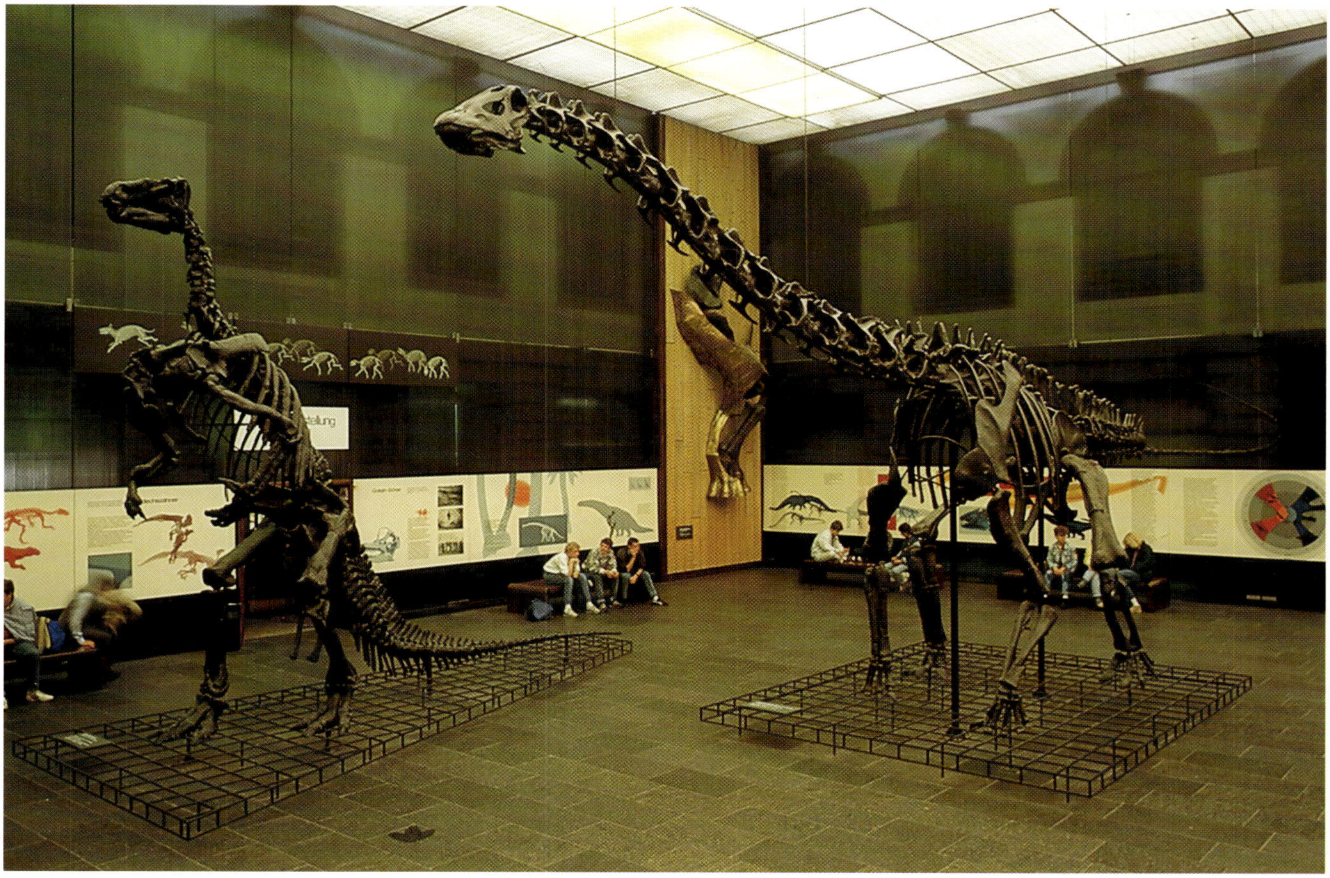

Das Senckenberg-Museum ist vor allem bekannt für seine Sammlung von Skeletten urzeitlicher Riesentiere. Die während des Krieges ausgelagerten Bestände wurden 1962 neu geordnet und stellen sich dem internationalen Publikum auf 6000 Quadratmetern vor. Während der Woche gehören oft Schulklassen aus dem ganzen Bundesgebiet zu den staunenden Gästen. Schließlich ist der Unterricht nirgends so anschaulich wie vor den leibhaftigen Knochen der Saurier-Kolosse.

The Senckenberg Museum is particularly known for its collection of skeletons of giant primeval animals. The exhibits, which were put away during the war, were rearranged in 1962 and are on display for the international public in an area of 6C00 square meters. During the week school classes are often among the amazed guests from all over the Federal Republic. After all, there is no other place where teaching is so vivid and alive as in front of the actual bones of giant dinosaurs.

Le Senckenberg-Museum est connu, avant tout, pour sa collection de squelettes d'animaux préhistoriques. La collection qui avait été mise à l'abri pendant la guerre, fut réorganisée en 1962 et se présente au public sur une surface de 6000 mètres carrés. Pendant la semaine des élèves de toute l'Allemagne Fédérale s'étonnent dans ses salles. Nulle part les leçons ne sont-elles aussi impressionnantes que devant les ossements des gigantesques dynosaures.

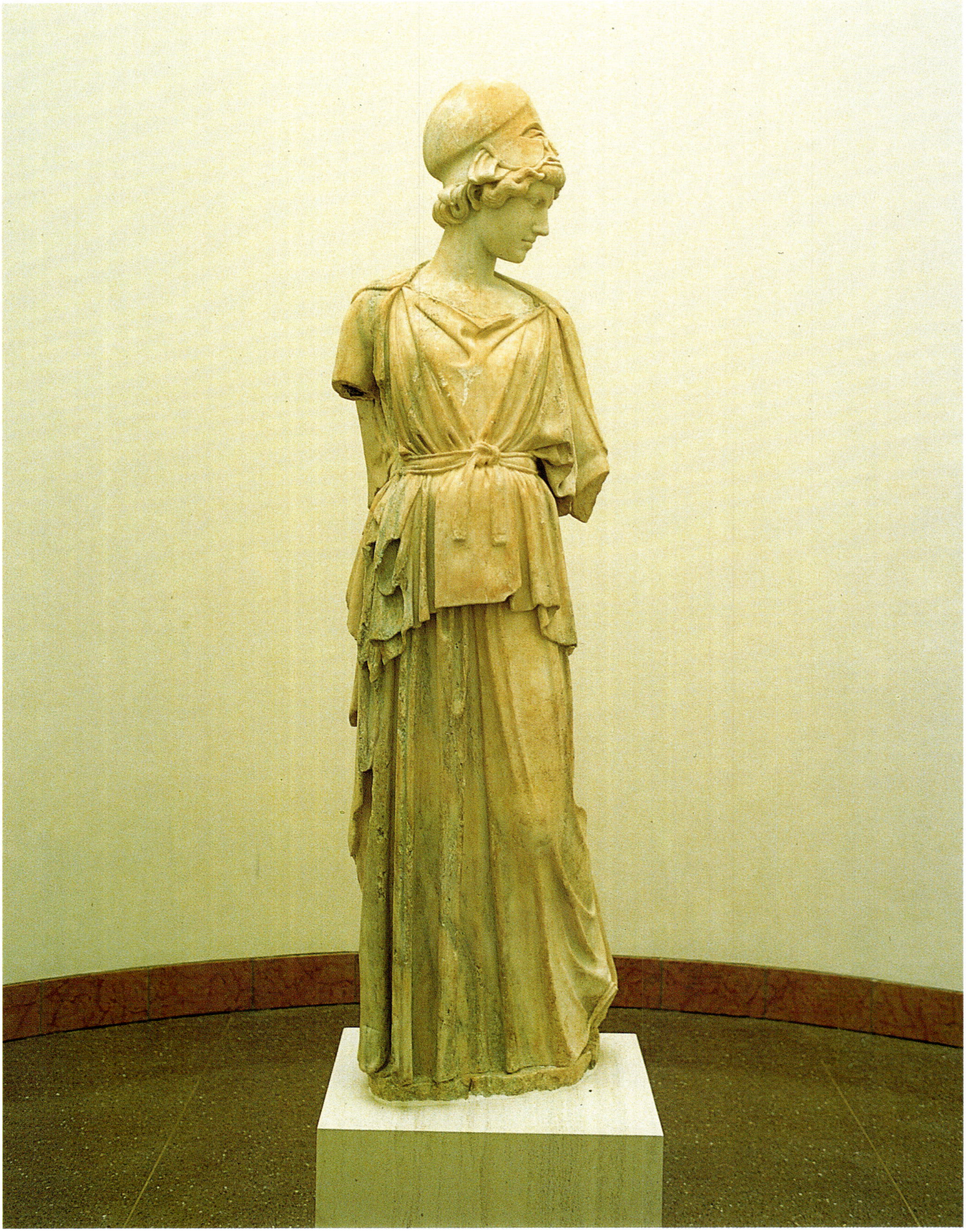

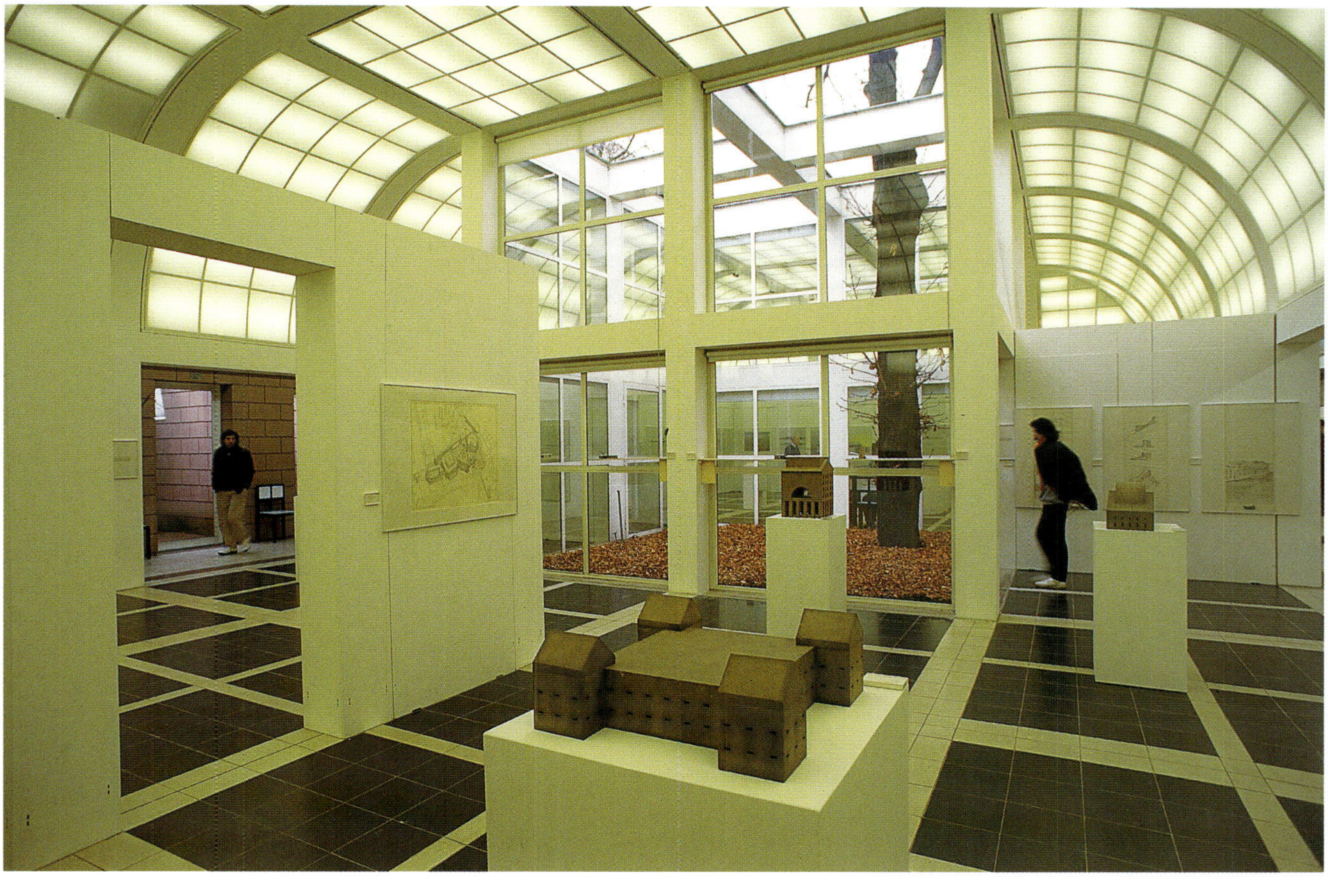

In der ehemaligen Villa des Barons Heinrich von Liebieg aus dem Jahr 1896 besitzt das „Museum alter Plastik", das Liebieghaus, eine der reizvollsten Herbergen der Stadt. Seine wertvolle Skulpturensammlung zählt zu den bedeutendsten Europas und enthält Plastiken aller Kulturvölker aus vier Jahrtausenden, wie etwa diese anmutige Athéne aus antiken Tagen.

Von den sieben Schauhallen am Museumsufer ist das Architekturmuseum das Spektakulärste. Die Melange aus klassizistischer Bausubstanz und klaren, modernen Formen sei eigentlich selbst das schönste Ausstellungsstück, heißt es. Viel Licht und Weiß beherrscht das Werk des Kölner Architekten O.M. Unger, der die Bauelemente wie eine „Puppe in der Puppe" ineinander schachtelte. Das I-Tüpfelchen im einzigen Architekturmuseum der Welt: Der Pavillon mit Glasdach wurde um einen Baum herum gebaut.

The "Museum of Old Sculpture", Liebieghaus, possesses one of the most attractive accommodations in the city in the former villa of Baron Heinrich von Liebieg dating from 1896. Its valuable sculpture collections numbers among the most significant in Europe and contains sculptures of all civilized nations from four millenia, such as this graceful Athena from the days of antiquity.

On the seven exhibition halls at Museumsufer the Museum of Architecture is the most spectacular. Some say the mixture of classicist structure and clear, modern forms is itself the most beautiful exhibit. Light and white dominate the work of Cologne architect O.M. Unger, who encapsulated the structural components inside one another like a "doll inside a doll". The finishing touch to the world's only museum of architecture: The pavilion with glass roof built around a tree.

Le «Musée de la plastique ancienne» est logé dans la villa que le baron Heinrich von Liebieg se fit construire en 1896: la Liebieghaus, l'une des plus charmantes constructions de la ville. Sa collection de sculptures est l'une des plus précieuses d'Europe. Elle comprend des plastiques de toutes les cultures et couvre 4000 ans. Cette gracieuse Athena en est un exemple.

Le musée d'architecture est le plus spectaculaire des sept musées de la Museumsufer. L'alliance de matériaux classiques et de formes claires et modernes est, dit-on, la plus belle pièce de l'exposition. La lumière et le blanc dominent l'œuvre de l'architecte de Cologne O.M. Unger qui encastra les parties du bâtiment les unes dans les autres comme une «poupée dans une poupée». Une curiosité: le pavillon avec le toit de verre fut construit autour d'un arbre.

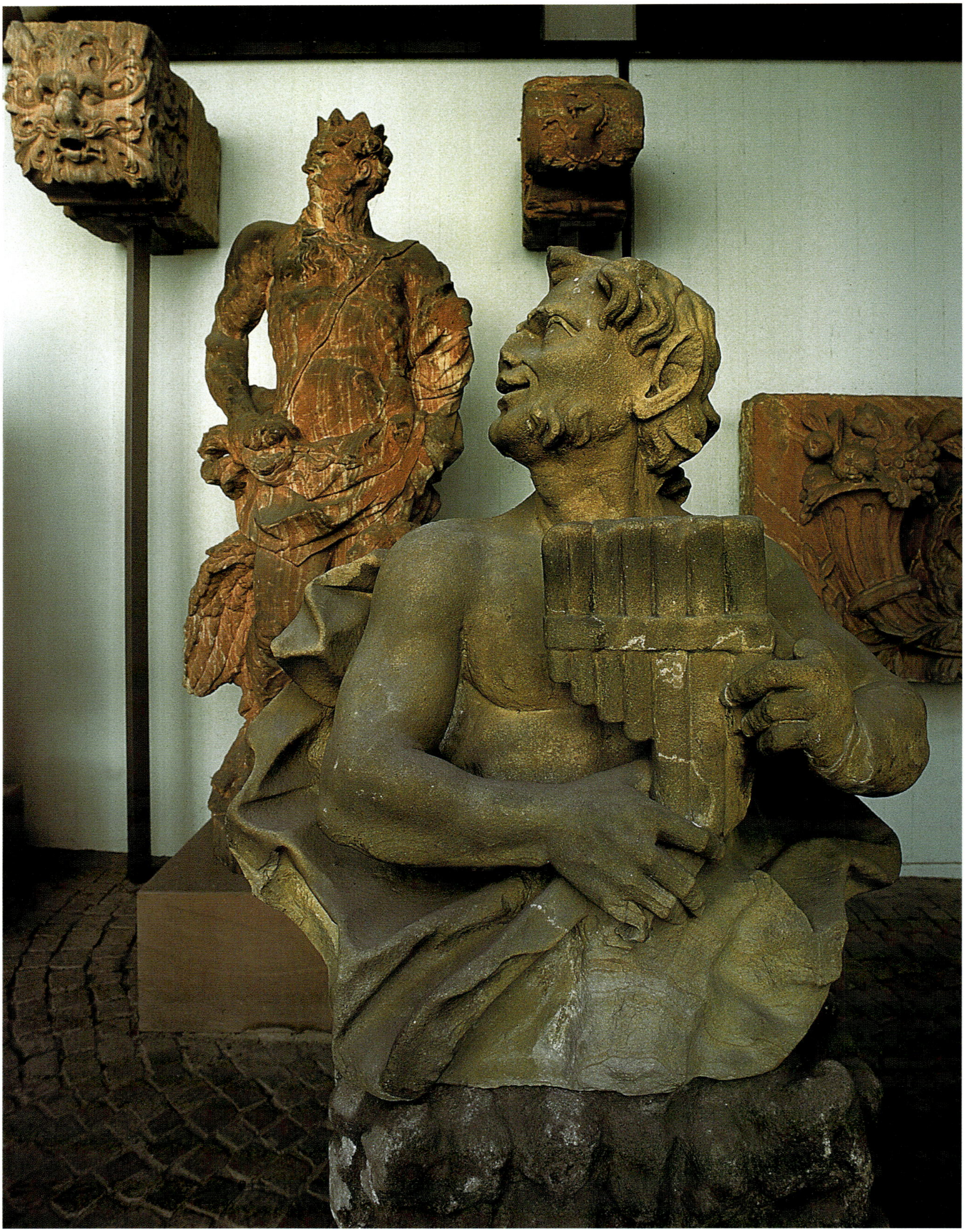

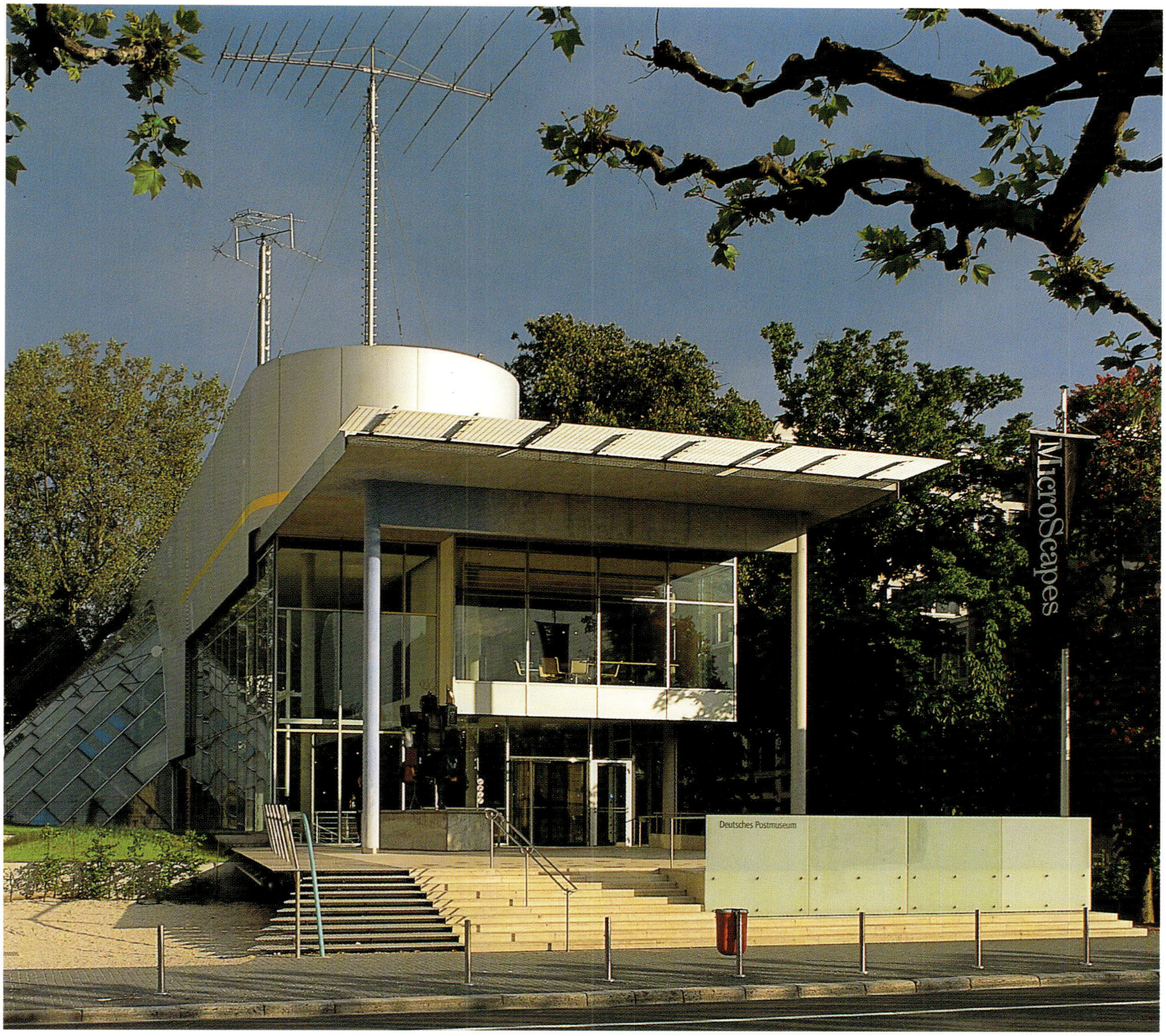

Ein „Lehrpfad durch die Epochen" verspricht das Historische Museum im Saalhof. Hier wird Frankfurts Stadtgeschichte vom 9. Jahrhundert bis zur Gegenwart lebendig.
Leichtigkeit und Transparenz bestimmen das Postmuseum, dessen größte Ausstellungsfläche unterirdisch angelegt wurde. Der langgestreckte Bau von 1990 ist nur 12,5 Meter breit. Das trug ihm prompt den Vergleich mit einem Schiff ein, das am Museumsufer vor Anker gegangen ist.

An "educational path through the epochs" is promised by the Historical Museum in the "Saalhof". Frankfurt's history from the 9th century up to the present comes alive here.
The Post Office Museum, whose largest exhibition space was provided underground, is characterized by lightness and transparency. The long edifice dating from 1990 is only 12.5 meters wide. This promptly gave rise to the comparison with a ship anchored off the museum shore.

Le Historisches Museum dans le Saalhof promet de vous accompagner à travers les époques. L'histoire de Francfort du 9e siècle aux temps présents y renaît.
Le musée de la Poste dont la plus grande partie des surfaces d'exposition est souterraine, est caractérisé par la légèreté et la transparence. Cet édifice allongé, datant de 1990, n'a que 12,5 mètres de large. Ceci lui valut rapidement d'être comparé à un bateau à l'ancre devant la Museumsufer.

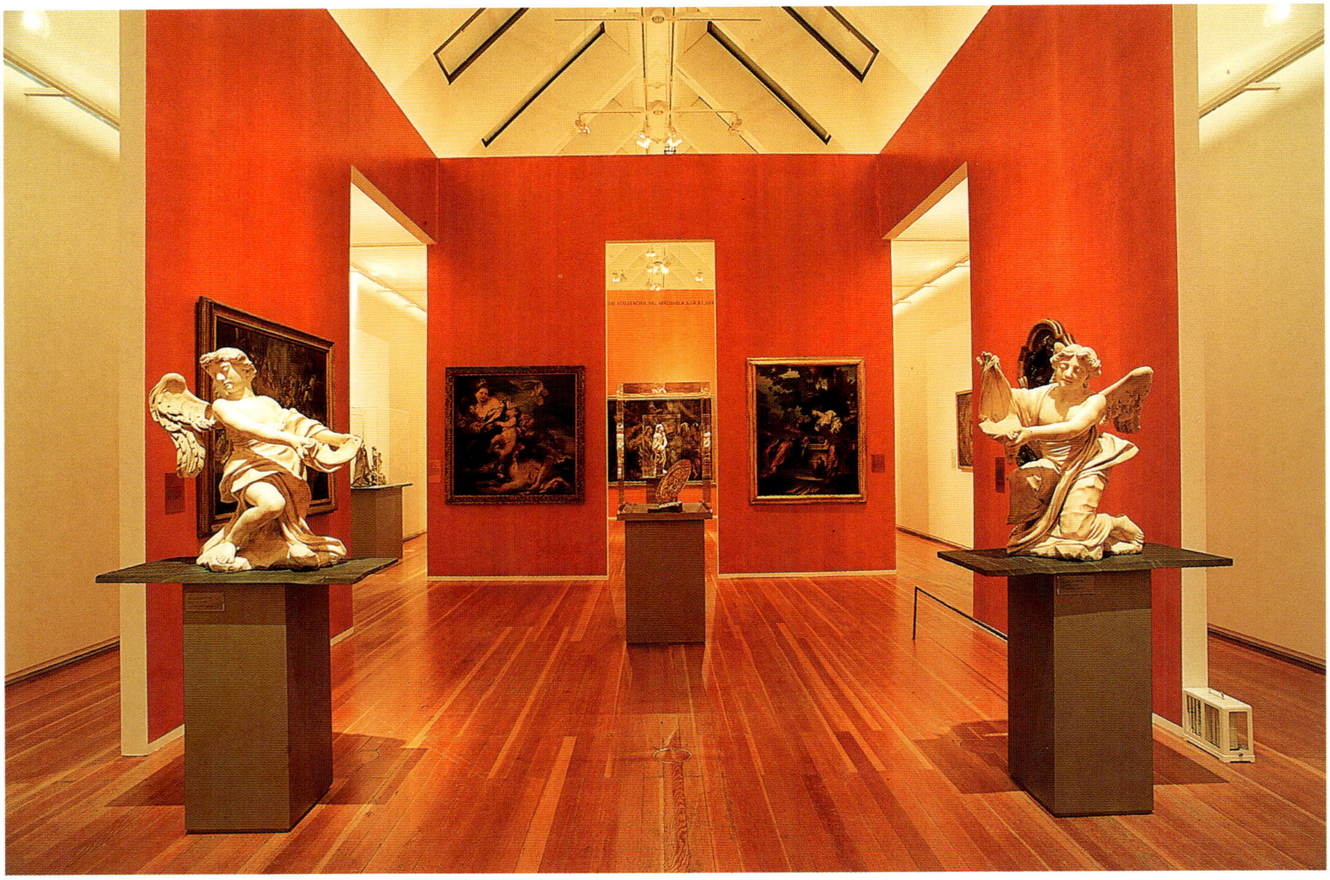

Vom Groben zum Feinsten: Wo im Mittelalter die Frankfurter Metzger ihre Verkaufsstände, die „Schirnen", aufstellten, erstreckt sich jetzt ein filigranes Gebilde aus Stahl und Glas. Die Kunsthalle Schirn öffnete 1986 ihre Pforten und bietet wechselnde Ausstellungen zum Themenkreis Kunst des 20. Jahrhunderts. Den vier

From coarse to fine: The site where Frankfurt's butchers set up their vending stands, the "Schirnen", in the Middle Ages is now taken up by a filigree construction of steel and glass. The Schirn Art Gallery opened its doors in 1986 and offers changing exhibitions on themes of the 20th century. The four Berlin architects

Du rustre au raffiné: là où, au Moyen Age, les bouchers de Francfort avaient leurs étaux, les «Schirnen», s'allonge une forme en filigrane d'acier et de verre. Le Kunsthalle Schirn, ouvert en 1986, présente des expositions changeantes sur l'art du 20e siècle. Les quatre architectes de Berlin réussirent, avec le musée sur le Römer-

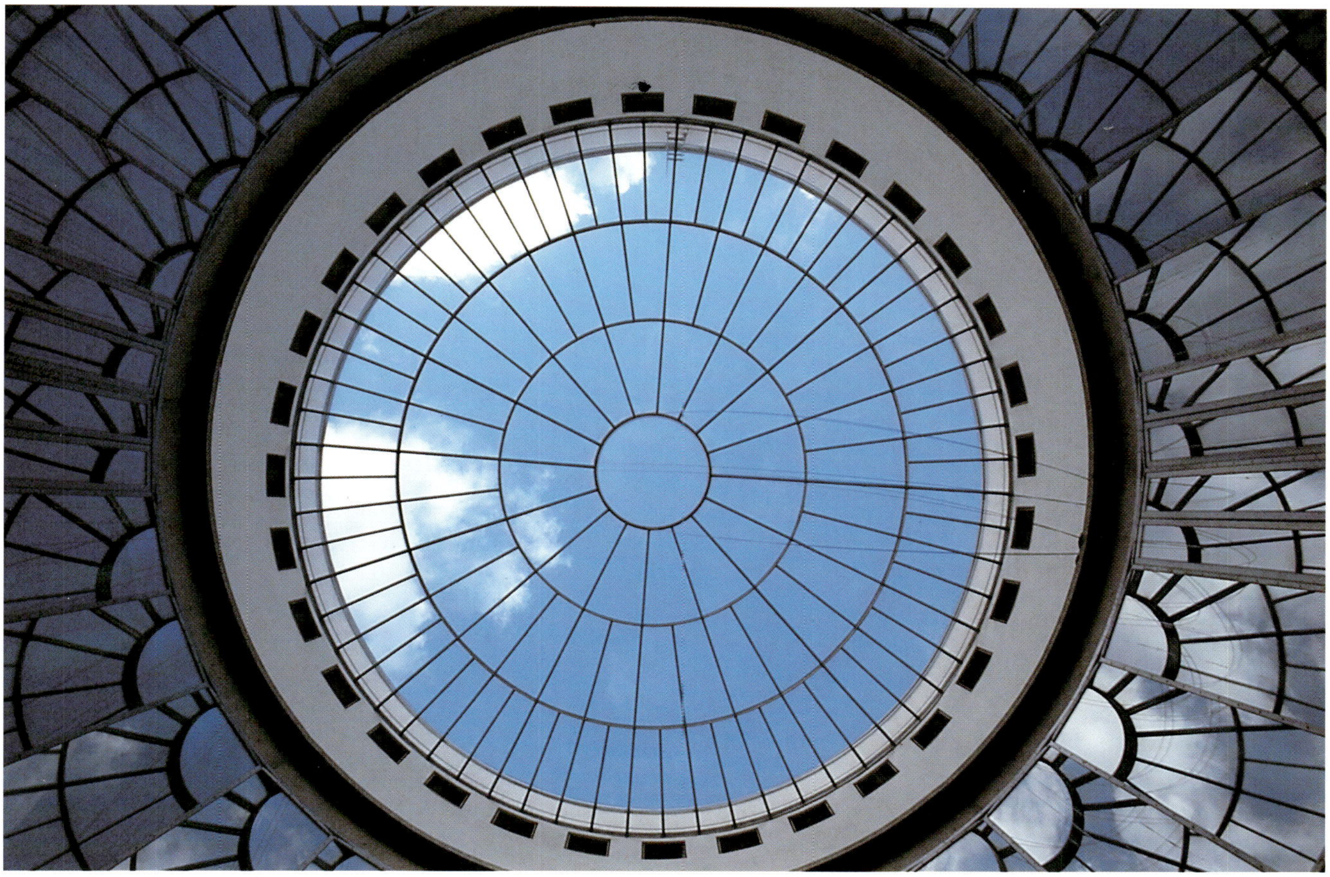

Berliner Architekten gelang mit dem Museumsbau am Römerberg, zwischen Dom und Nikolaikirche, ein neuzeitlich-repräsentativer Brückenschlag. Bei allem Respekt vor den Exponaten sind die natürlichen Hinterglasbilder des Himmels einfach unschlagbar – für ihn bildet die transparente Hallenkuppel den Rahmen.

succeeded in forging a representative modern link with the museum edifice at Römerberg, between cathedral and Nikolaikirche. With all respect for the exhibits, the natural verre églomisé pictures of the sky are simply unbeatable – the transparent hall dome forms the setting just for this purpose.

berg, entre la cathédrale et la Nikolaikirche, à jeter un pont représentatif sur le temps présent. Malgré tout le respect que méritent les pièces exposées, les images sous-verre du ciel défient toute compétition – le hall à coupole transparente forme un cadre tout exprès pour lui.

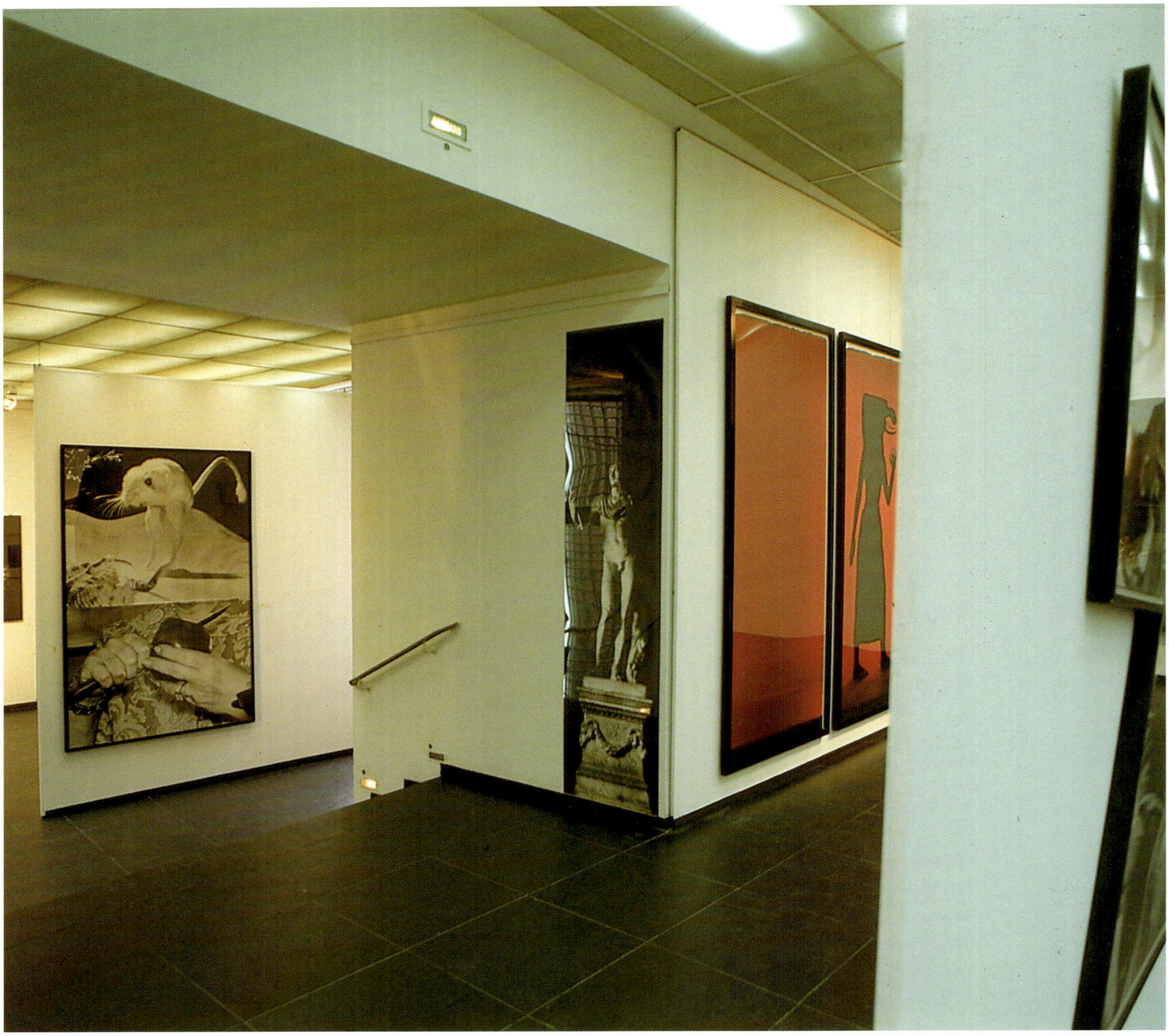

Für Ausstellungen zeitgenössischer bildender Kunst hat sich der Kunstverein ein traditionsreiches Domizil gesucht: das Steinerne Haus am Römerberg, 1464 von Patriziern errichtet und wegen seiner außergewöhnlichen Feuersicherheit als Warenlager für die Messe genutzt (oben). Wie ein Tortenstück erhebt sich das Museum für Moderne Kunst, das der Wiener Hans Hollein 1991 schuf (rechts).

The Art Society wanted a location rich in tradition for its exhibitions of contemporary art: the Stone House at Römerberg was built by patricians in 1464 and used as a warehouse for the fair because of its extraordinary fire safety (above). The Museum of Modern Art, created by Hans Hollein from Vienna in 1991 (right), rises into the air like a piece of cake.

Pour ses expositions d'arts plastiques contemporains le Kunstverein a choisi un domicile riche de traditions: la Steinerne Haus sur la Römerberg, construite en 1464 par un patricien et utilisée comme entrepôt de marchandises destinées à la foire à cause de la sécurité peu commune qu'elle offre contre les incendies. Le musée d'Art Moderne conçu par le Viennois Hans Hollein en 1991 (à droite) fait penser à un morceau de gâteau.

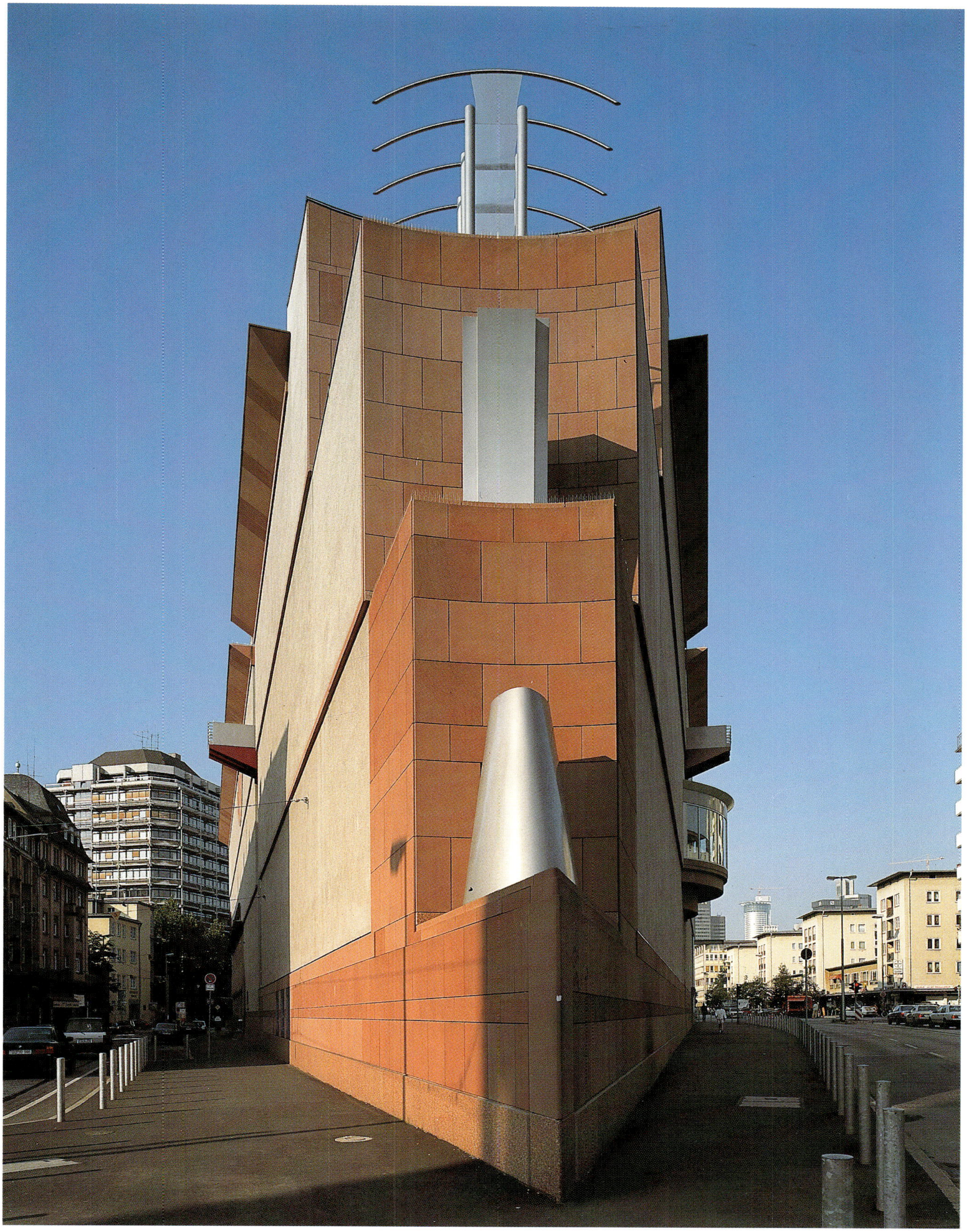

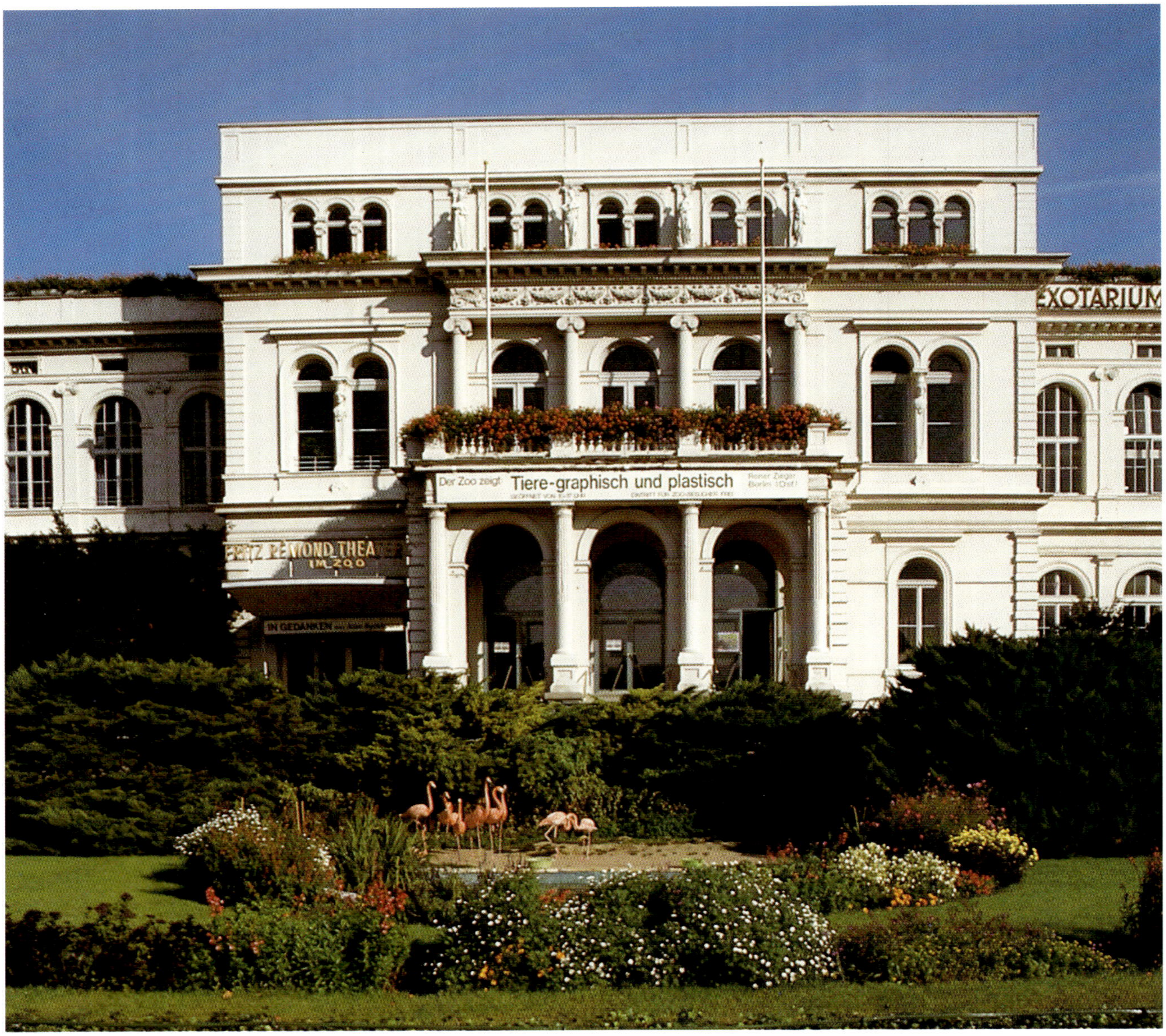

Oasen für Freizeit und Erholung

Einem Bürgerausschuß hat Frankfurt seinen Zoologischen Garten zu verdanken. Die Gründer wollten 1858 nicht nur einen neuen „Vergnügungsort" schaffen, sondern hofften, daß der Zoo „ein lebendiges Lehrbuch der Naturgeschichte" werde. Die 16 000 Schüler, die heute jährlich ihren Biologieunterricht im Zoo vervollständigen, haben diesen Wunsch erfüllt. In seiner Geburtsstunde war der Zoo nach Berlin

Frankfurt owes its zoo to what was once a citizen's committee. The founders of 1858 not only wanted to create a new "recreational area", but also hoped that the zoo would become a "living textbook of natural history". The 16,000 pupils who supplement their biology lessons with their school in the zoo every year have fulfilled this wish. At the time of its birth the zoo was the second in Germany after Berlin. Sixteen

Francfort doit son jardin zoologique à une association de citoyens. Les fondateurs de 1858 ne voulaient pas seulement créer un nouveau «lieu de plaisir» mais espéraient que le zoo deviendrait un «manuel vivant de l'histoire de la nature». Les 16 000 élèves qui viennent au zoo chaque année, avec leur classe, ont réalisé ce souhait. Lorsqu'il fut fondé le zoo était le deuxième d'Allemagne après

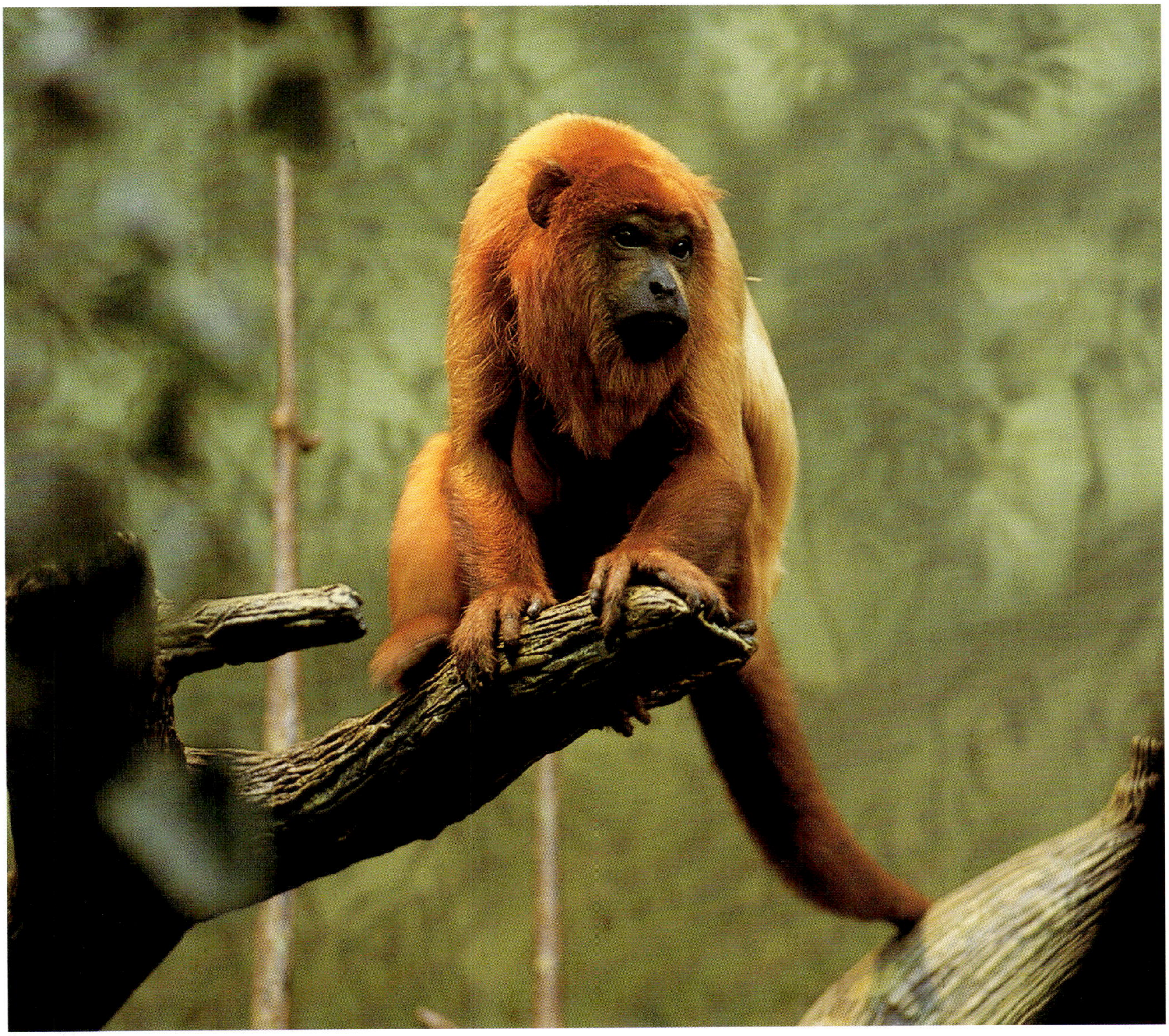

der zweite in Deutschland. 16 Jahre später wurde der Garten vom Westend auf die sogenannte Pfingstweide im Osten verlegt. 1915 ging er in städtischen Besitz über. Nach 1945 wurde das Gelände unter Leitung von Professor Bernhard Grzimek erweitert und bietet nun 5000 Tieren ein Zuhause. Da der Zoo nicht mehr erweiterungsfähig ist, soll für die 90er Jahre im Norden der Stadt ein 63 Hektar großes Außengelände neu erschlossen werden. Bekannt ist der Zoo vor allem durch sein Exotarium, die Vogelfreiflughalle und sein Nachttierhaus.

years later the grounds were moved from Westend to the so-called "Pfingstweide" in Ostend. In 1915 the zoo became city property. After 1945 it was expanded under the direction of Professor Bernhard Grzimek and now offers a home to 5000 animals. Since the zoo cannot be further expanded, outside grounds measuring 63 hectares are to be developed in the northern part of the city for the 90's. The zoo is particularly known for its "exotarium", the free-flight aviary and its house for nocturnal animals.

celui de Berlin. Seize ans plus tard le jardin fut déplacé de Westend à Ostend, sur la Pfingstweide. En 1915 il devint possession de la ville. Après 1945, le terrain fut agrandi sous la direction du professeur Bernhard Grzimek et abrite, à présent, 5000 animaux. Comme le zoo ne peut plus être agrandi, on a prévu pour les années 90 un nouveau terrain de 63 ha au nord de la ville. Le zoo est connu avant tout pour son «Exotarium», ses volières et la maison des bêtes nocturnes.

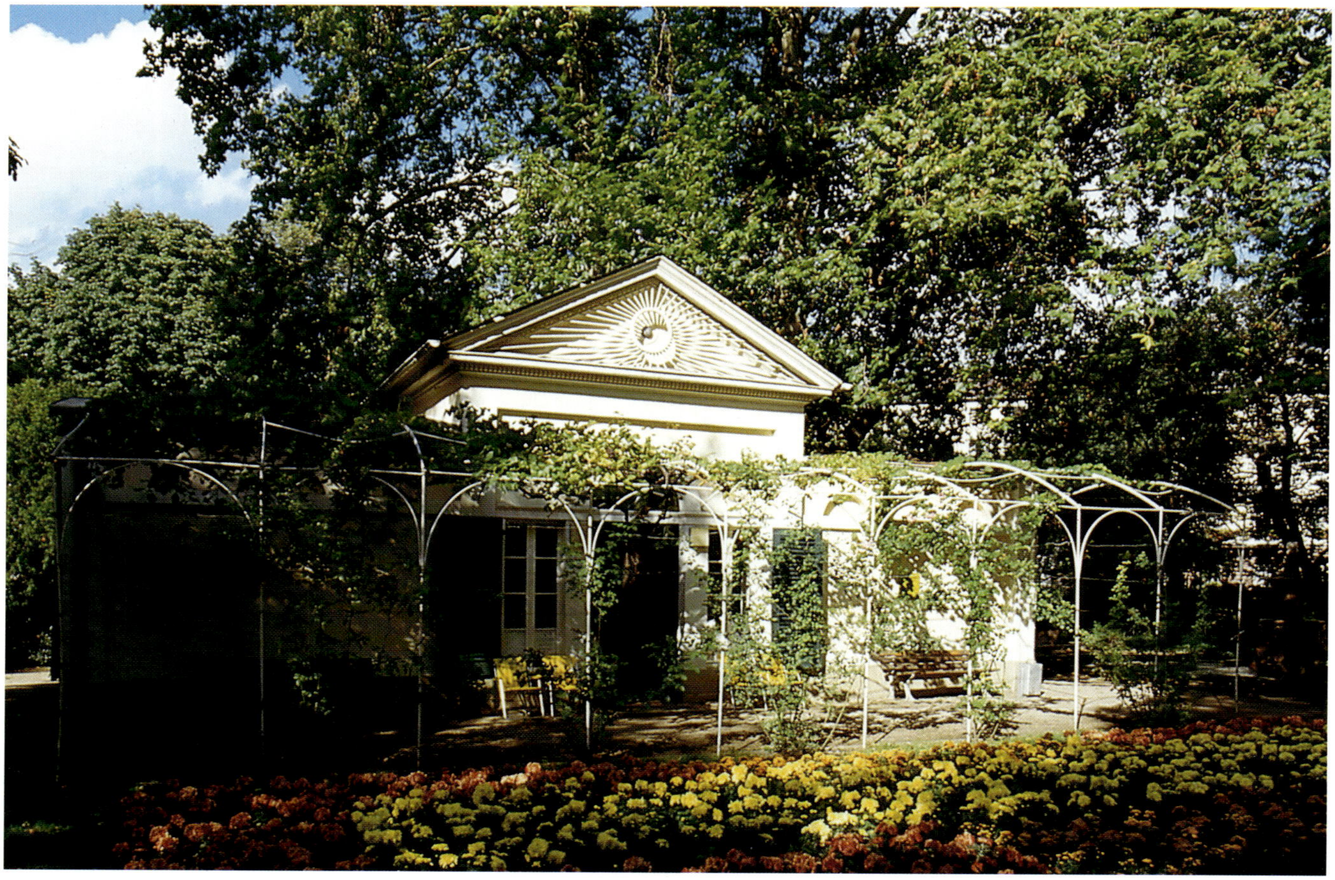

Der 5 Kilometer lange Grüngürtel, der die Innenstadt von Unter- bis Obermainkai umschließt, bildet einen beliebten citynahen Spazierweg. Die Anlagen entstanden nach Schleifung der Festungswälle Anfang des 19. Jahrhunderts. Aus dieser Zeit erhalten geblieben ist ein bezauberndes Gartenhaus, das der Architekt Salin de Monfort zwischen 1810 und 1820 für den dänischen Verleger Markus Johann Nebbien schuf. Es gilt als das schönste Zeugnis des Klassizismus in Frankfurt.

The 5-kilometer-long green belt surrounding the city center from Untermainkai to Obermainkai is a popular nearby spot for a walk. The grounds were created after the fortification walls were torn down at the beginning of the 19th century. Still intact from this period is a charming garden house that the architect, Salin de Monfort, built for the Danish publisher, Markus Johann Nebbien, between 1810 and 1820. It is regarded as the most beautiful example of classicism in Frankfurt.

La bande de verdure de 5 km de long qui ceint le centre ville d'Unter à Obermainkai, est un lieu de promenade très apprécié. Ces jardins furent aménagés après que les murs de la forteresse eurent été rasés, au début du 19e siècle. De cette époque on a conservé un merveilleux pavillon, œuvre de l'architecte Salin de Monfort. Il fut construit pour l'éditeur danois Markus Johann Nebbien entre 1810 et 1820. Il passe pour le plus bel exemple du classissisme à Francfort.

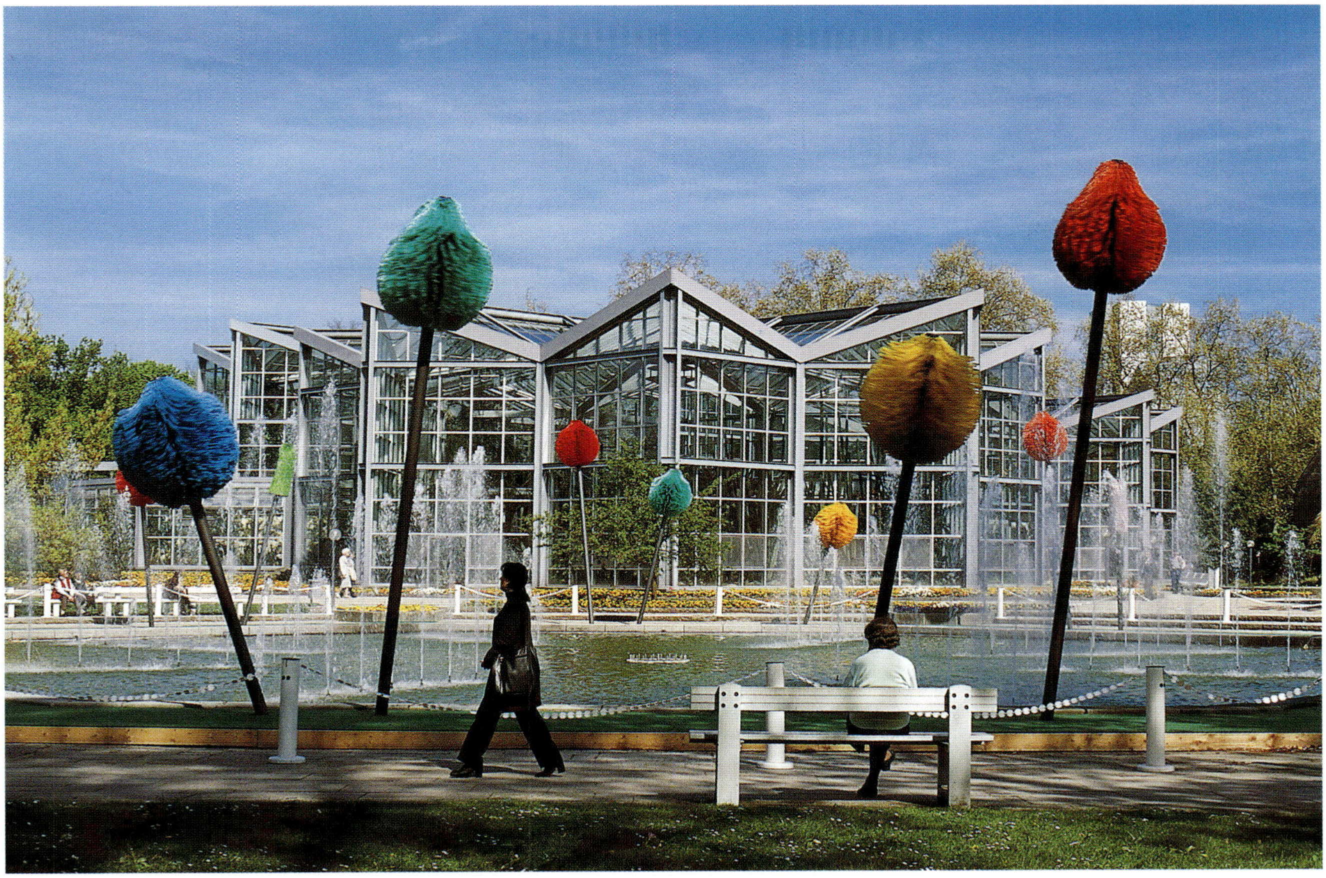

Frankfurt gehört mit 10 Grad Celsius im Jahresdurchschnitt zu den wärmsten Städten der Bundesrepublik. Für exotische Pflanzen nicht gerade paradiesisch, doch sie gedeihen trotzdem. Im weitläufigen Palmengarten sind tropische Spaziergänge in Monsun-, Nebel- oder Regenwaldlandschaften die Attraktion. Das bunte Paradies mit Spiel- und Freizeitmöglichkeiten, Konzerteinlagen und Sonderschauen ist 1869 aus einer Bürgerinitiative hervorgegangen. Damals übernahm der städtische Verschönerungsverein die umfangreiche exotische Pflanzensammlung des Herzogs Adam von Nassau. Unter Regie von Heinrich Siesmayer entstand ein Park mit Palmen-, Gewächs- und Gesellschaftshäusern. Nachdem ihm 1960 der Alte Botanische Garten einverleibt wurde, umfaßt der Park jetzt stolze 22 Hektar.

With an annual average of 10 degrees Celsius Frankfurt is among the warmest cities in the Federal Republic. It's not exactly paradise for exotic plants, but they flourish, nevertheless. In the expansive palm garden tropical walks in monsoon, fog or jungle landscapes are the attraction. The colourful paradise with facilities for play and recreation, concert interludes and special shows was set up by a citizen's action group in 1869. At that time the municipal improvement association took over the extensive exotic collection of plants belonging to Duke Adam von Nassau. Under the direction of Heinrich Siesmayer a park came into being with palm houses, greenhouses and buildings for social functions. After incorporation of the Old Botanical Gardens in 1960, the park now comprises an impressive 22 hectares.

Avec une température moyenne de 10° Celsius, Francfort est l'une des villes les plus chaudes de la République Fédérale. Ce n'est pas un paradis pour les plantes exotiques mais elles poussent quand même. De vastes étendues plantées de palmiers, des promenades dans un paysage de forêt tropicale et de brume de mousson constituent une attraction très spéciale. Ce paradis multicolore remonte à une initiative de citoyens de 1869. Une association municipale pour l'embellissement de la ville reprit la collection de plantes exotiques du duc Adam von Nassau. Sous la direction d'Heinrich Siesmayer, un parc qui comprend des palmiers, des serres et des bâtiments pour la récréation du public fut aménagé. Après que le Vieux Jardin Botanique lui eut été incorporé, le parc a une fière surface de 22 ha.

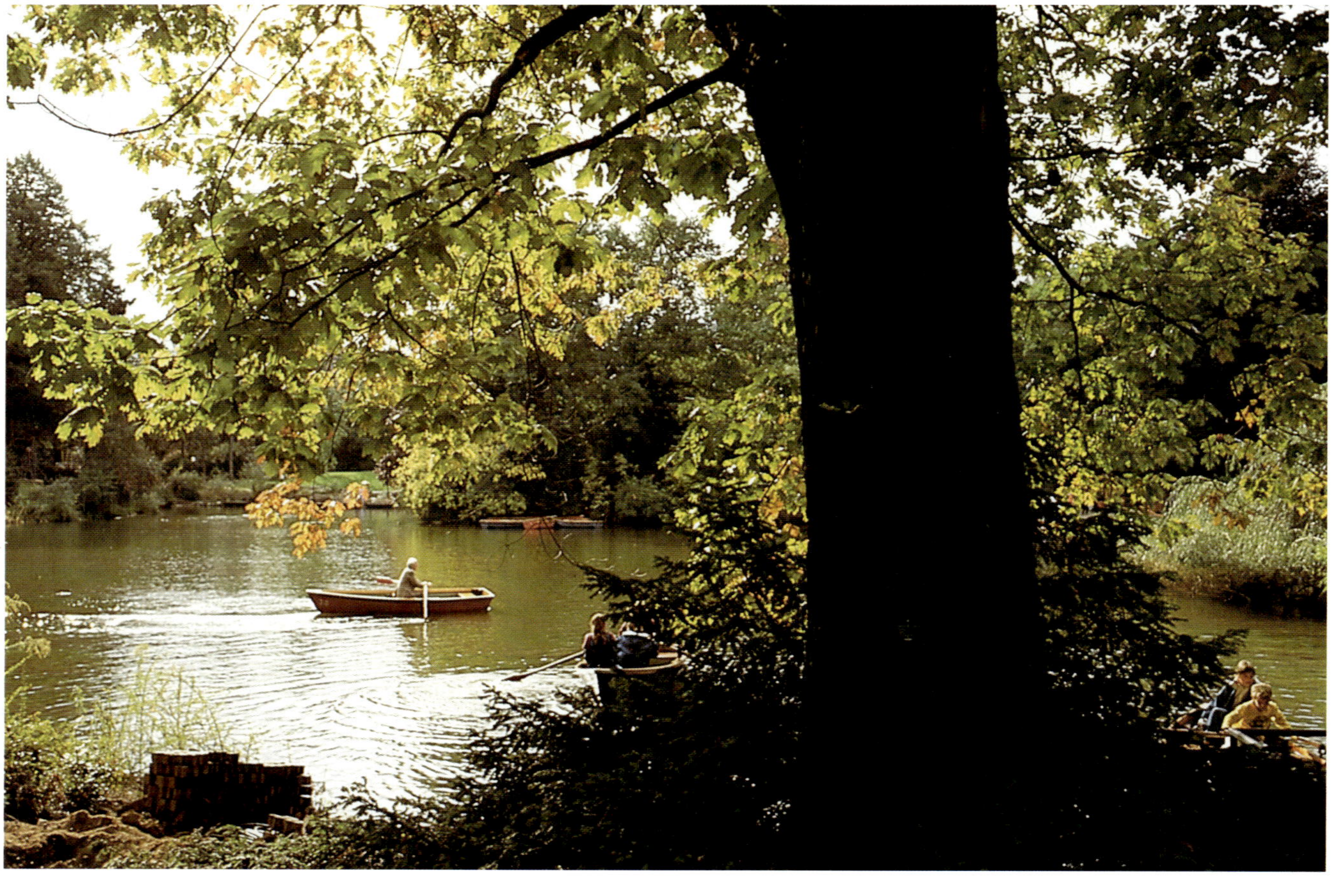

Wem der Sinn nach Erholung steht, kommt an jeder Ecke Frankfurts voll auf seine Kosten. Ob Palmengarten, Grüneburgpark, Taunusanlage oder Ostpark – an grünen Oasen fehlt es trotz Hochhausdschungel nicht. Zum Beispiel das romantische Nidda-Tal: Schon wegen der gemütlichen Gartenlokale am Ufer und seiner Radwege erweist es sich vor allem im Sommer als Magnet für das gestreßte Großstadtpublikum. Das begehrteste Naherholungsgebiet ist jedoch der Stadtwald, der größte seiner Art im Lande und seit 1372 in Frankfurter Besitz. Obwohl er von Straßen durchschnitten und vom Flughafen bedrängt wird, ist er immer noch die vielseitigste grüne Lunge der Stadt. Mit künstlicher Seenplatte und Freizeitanlagen ist er Schauplatz des „Wäldchestag", wo jährlich die Frankfurter ein Picknick im Freien abhalten.

Whoever has a desire for recreation gets his money's worth in every corner of Frankfurt. Whether the Palm Garden, Grüneburg Park, the Taunus grounds or Ostpark – there is no lack of green oases despite the skyscraper jungle. Romantic Nidda Valley, for example: Because of the cosy garden restaurant on the bank, it is a magnet for stress-stricken big city residents, especially in summer. Many also appreciate the tranquil bike paths along the water. The most popular nearby recreational area is the Town Forest, the largest of its kind in the country and part of Frankfurt since 1372. Despite the roads and airport, it's still the city's most varied "green lung". With an artificial lake lowland landscape and recreational facilities it is also the setting of "Wäldchestag" when half of Frankfurt has a picnic outside every year.

Qui a envie de se reposer pourra le faire facilement à Francfort. Les oasis de verdure ne manquent pas – Palmengarten, Grüneburgpark, Taunusanlage ou Ostpark – malgré la jungle de béton. En été, la romantique vallée de la Nidda agit comme un aimant sur les citadins stressés, en particulier à cause de a charmante auberge de la rive. Beaucoup apprécient le recueillenent des chemins cyclistes le long de la Weser. Pourtant le district de repos le plus populaire reste le Stadtwald. C'est le plus grand de cette sorte dans le pays et la ville est en sa possession depuis 1372. Bien qu'il soit maintenant traversé de routes et serré de près par l'aéroport, il reste l'espace vert le plus varié de la ville. Avec ses lacs artificiels et ses terrains de sport, il est aussi le théâtre du «Wäldchestag» à l'occasion duquel, chaque année, la moitié de la ville pique-nique en plein air.

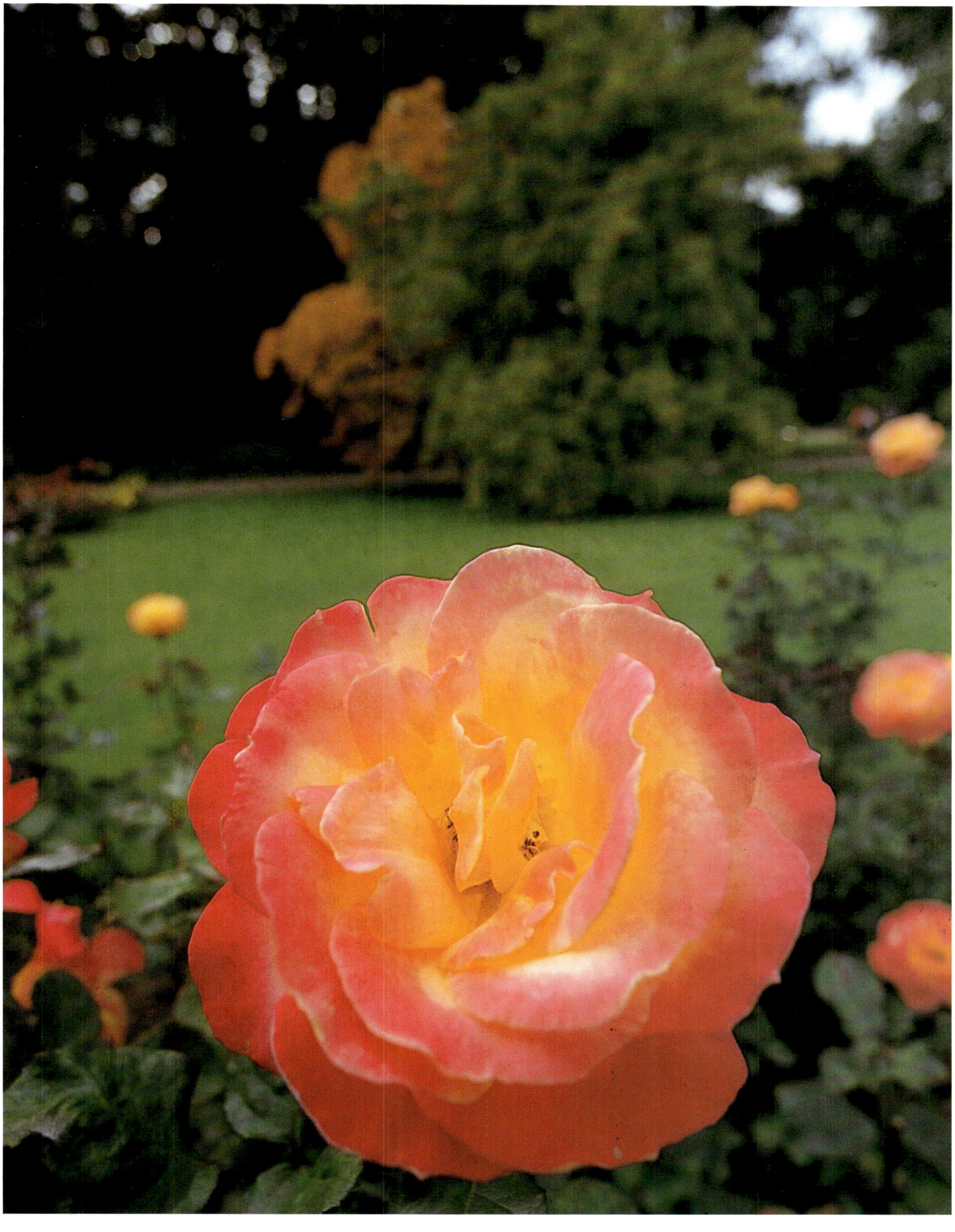

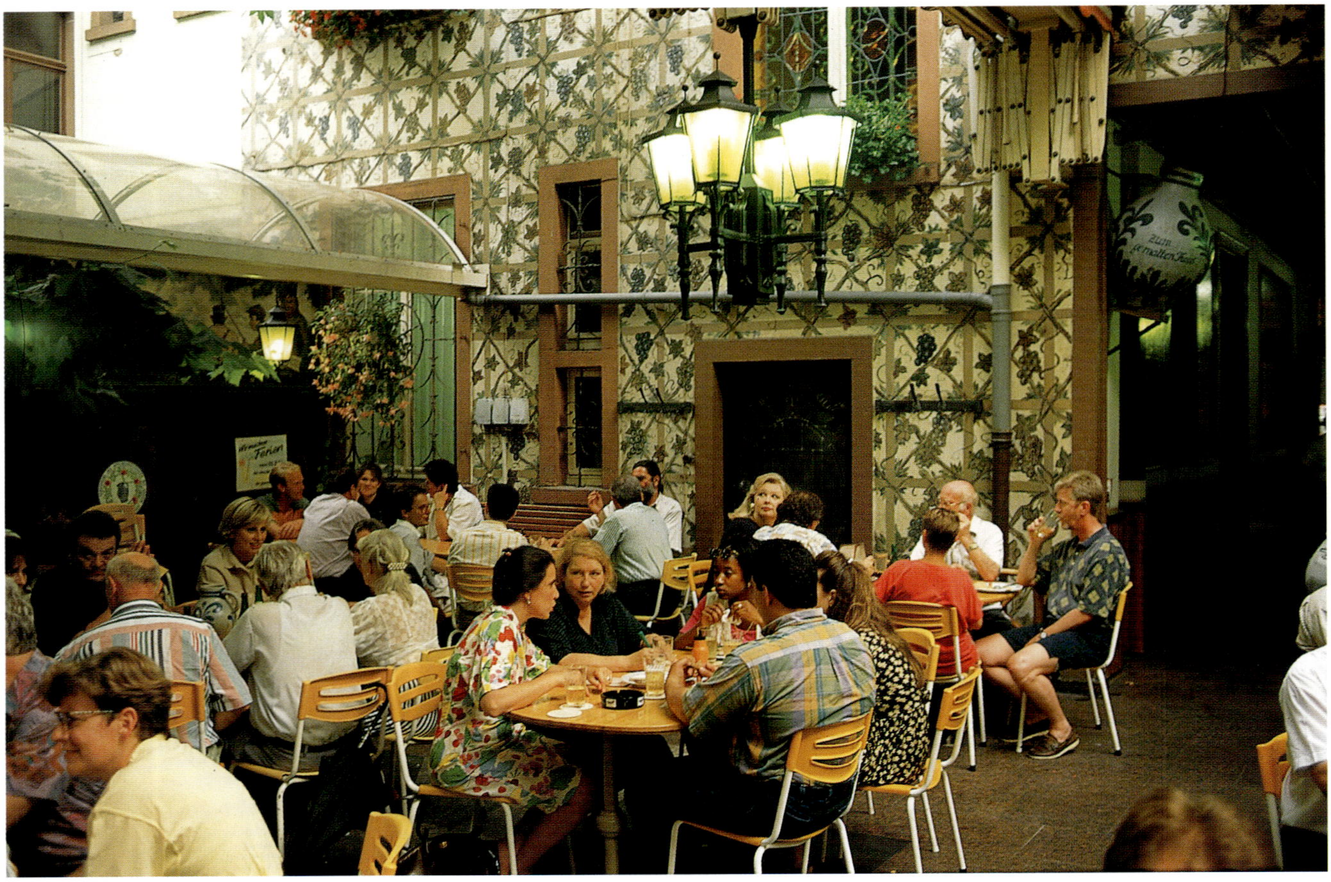

Apfelwein, Äbbelwoi oder einfach bloß „das Stöffche“ heißt das Nationalgetränk der Frankfurter, das stets im Bembel, einem blaugrauen Steinkrug, ausgeschenkt wird. „Hauptstadt“ des Ebbelwei ist das linksmainische Viertel Sachsenhausen, denn der Sage nach war es ein hiesiger Wirt, der dem süffigen Getränk aus stark säurehaltigen Äpfeln Mitte des 18. Jahrhunderts zur Premiere verhalf. Ein grüner Kranz aus Fichtenzweigen an der Tür zeigt an, daß in dieser Wirtschaft Selbstgekelterter serviert wird. Wer nach dem dritten Schoppen noch nicht auf den Geschmack gekommen ist, sei getröstet: In Sachsenhausen wird auch hervorragendes Bier gebraut.

Cider, “Äbbelwoi” or just simply “das Stöffche” is what the national drink of the people of Frankfurt is called; it is always served in a “Bembel”, a blue-grey stone mug. The district of Sachsenhausen on the left bank of the Main is the “capital” of “Ebbelwei”, for according to the legend it was a local barkeeper who arranged the premiere of this light and sweet beverage made of extremely acidic apples in the middle of the 18th century. A green wreath of spruce branches on the door indicates that this pub serves cider it has pressed itself. If you do not acquire a taste for it after the third glass, don’t worry: Excellent beer is also brewed in Sachsenhausen.

La boisson nationale des habitants de Francfort s’appelle cidre, Äbbelwoi, ou simplement «Stöffche». Elle est toujours servie dans le «Bembel» une cruche de grès bleu. Le quartier de Sachsenhausen sur la rive gauche du Main est la «capitale» de l’Ebbelwei. En effet, la légende rapporte que c’est un cabaretier du lieu qui servit pour la première fois, au 18e siècle, cette boisson gouleyante faite de pommes sures. Une couronne verte de sapin sur la porte montre que, dans ce lieu, on presse son cidre soi-même. Que celui qui, après le troisième verre, ne le trouve toujours pas de son goût, se console: A Sachsenhausen on brasse aussi une excellente bière.

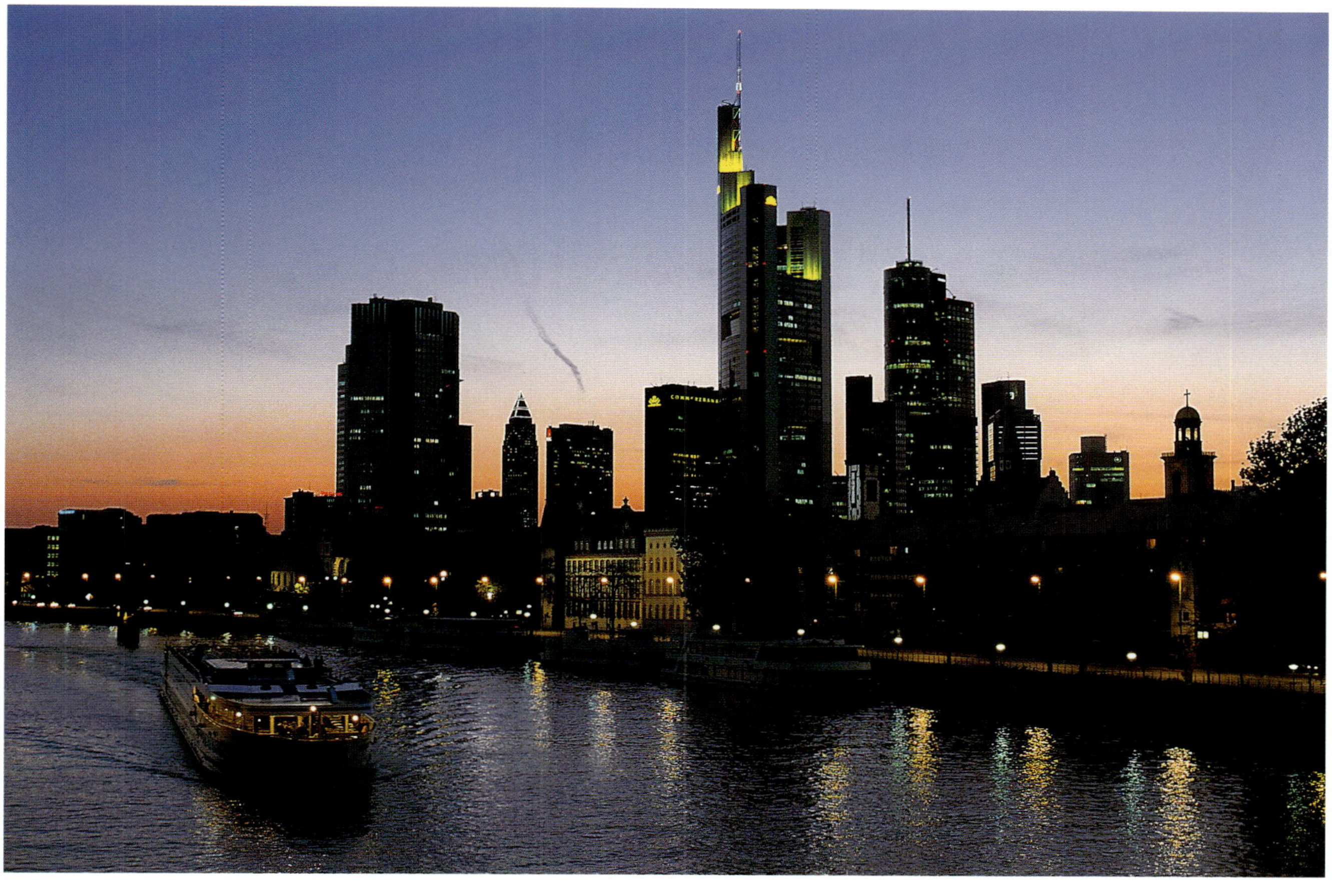

Wenn es Nacht wird in „Mainhattan", erwachen die Jazzkeller und Diskotheken, streift der Kiez – das Bahnhofsviertel – sein Neonkleid über, machen die letzten Ausflugsschiffe am Mainkai fest, nachdem sie stadtmüden Menschen etwas frischen Wind um die Nase beschert haben. Wer sich nicht ins abendliche Getümmel begeben will, wählt vielleicht den beschaulichen Tagesausklang am Mainufer, lauscht dem Tuckern der Lastkähne und beobachtet die aufgehenden Lichterketten. Vom Eisernen Steg aus läßt sich die unvergänglichste Straße Frankfurts am besten genießen: der Main, der heute wie vor hundert Jahren nicht nur für den Handel gut ist, sondern auch für eine Portion Romantik mitten im Großstadtpflaster.

When night falls in Mainhattan, the jazz clubs and disotheques come alive, "Kiez" – the station area – puts on its neon dress, the last excursion ships are moored at Mainkai after having provided people tired of the city with a bit of fresh wind. Those who do not wish to plunge into the evening hurly-burly may choose a more contemplative end to the day on the banks of the Main, listening to the chugging of the barges and watching the expanding chain of lights. One can best enjoy Frankfurt's most immortal thoroughfare from the Iron Bridge: the Main, which today, just as a hundred years ago, is not only good for trade, but also for a bit of romanticism in the middle of big city pavement.

Lorsque la nuit tombe à Mainhattan, les caves à Jazz et les discothèques se réveillent. Le Kiez – le quartier de la gare – passe sa robe de néon. Les derniers bateaux de tourisme s'immobilisent au bord du quai sur le Main après avoir permis aux citadins fatigués de prendre un bol d'air frais. Qui ne veut pas se joindre à la cohue de fin de journée contemplera peut-être le crépuscule au bord du Main, tendra l'oreille aux bruits des péniches, observera les lumières qui s'allument. Du Eiserne Steg on peut jouir au mieux de la rue la plus inoubliable de Francfort: le Main qui, aujourd'hui comme jadis, n'est pas seulement utile au commerce mais apporte aussi son romantisme au milieu des pavés de la grande ville.

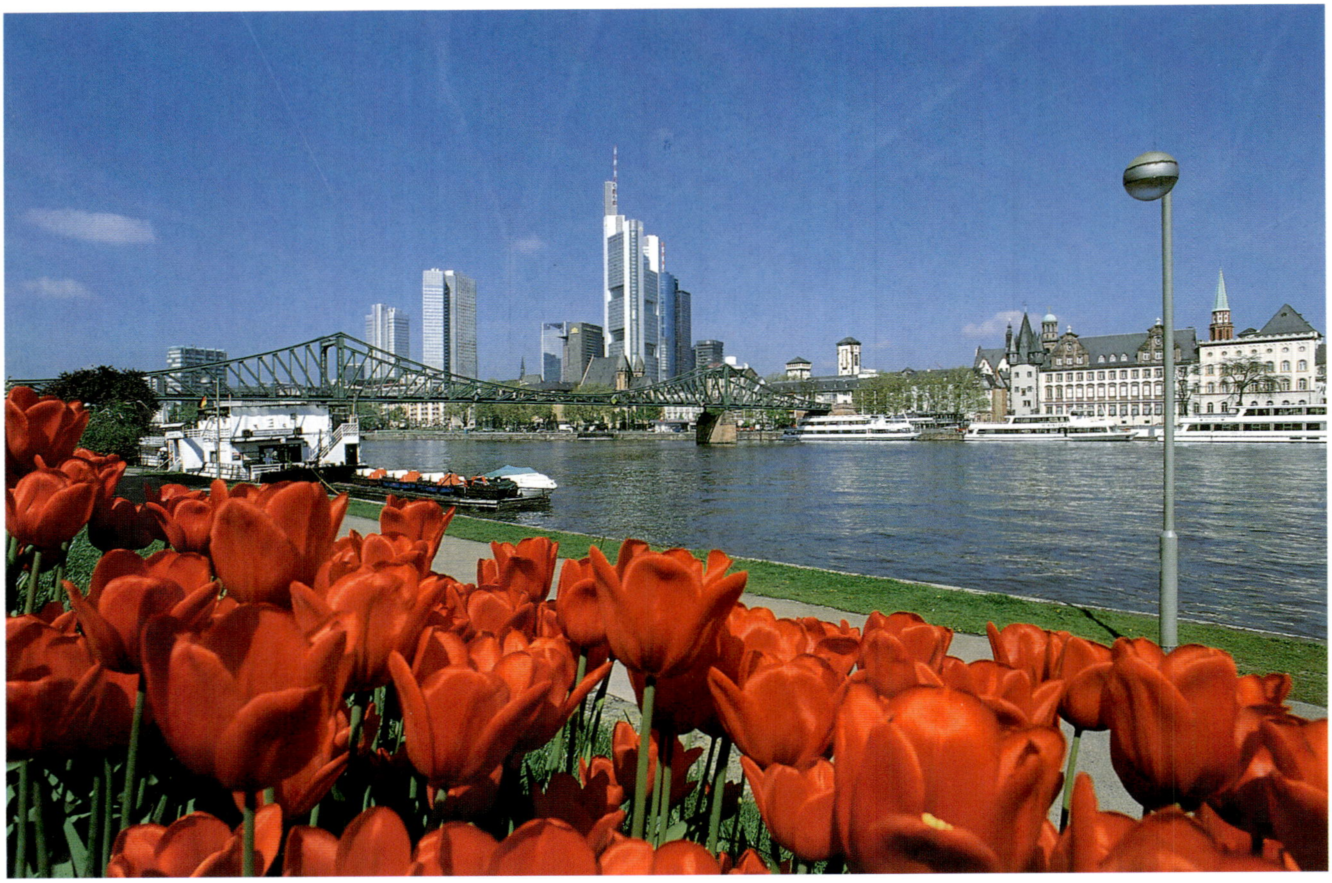

Mit etwas Abstand läßt sich die prächtige Stadtkulisse am besten genießen. Weit muß man nicht fahren. Ob bei einer Fahrt im Tretboot, bei einer Kuchenschlacht oder Radtour – am Sachsenhauser Ufer werden Fotojäger

The magnificent city panorama can best be enjoyed from a distance. You don't have to go far. Whether going for a ride in a pedal boat, going overboard with cake or on a cycling tour – amateur photographers will quickly

C'est avec un peu de recul qu'on jouit le mieux du magnifique décor formé par la ville. Il n'est pas nécessaire d'aller bien loin. A l'occasion d'un tour en pédalo, d'une randonnée en vélo ou d'une «expédition vers les gateaux» sur

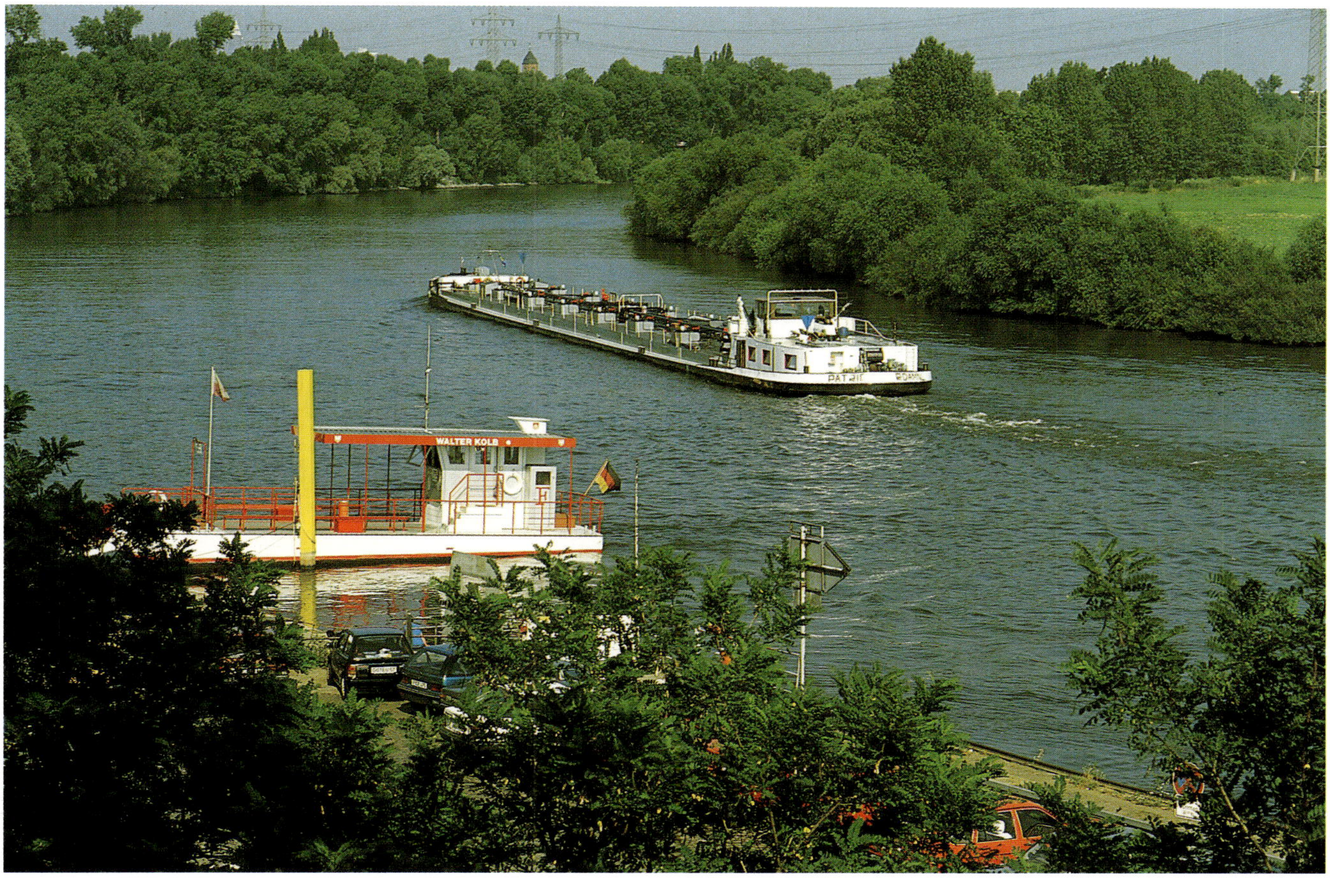

schnell fündig. Wem nach einer „richtigen“ Flußpartie zumute ist, nimmt einfach die Fähre nach Höchst, wo nicht nur „Big Business“, sondern auch jede Menge Geschichte wartet.

find motifs on Sachsenhauser Ufer. Those interested in a "real" trip on the river can simply take the ferry to Höchst, where not only "big business", but also plenty of historical sites await them.

la rive de Sachsenhausen, les passionnés de la photo trouveront vite ce qu'ils cherchent. Qui veut faire une «vraie» partie de bateau prendra tout simplement le bac pour Höchst où ne l'attendent pas seulement le «Big Business» mais aussi beaucoup d'histoire.

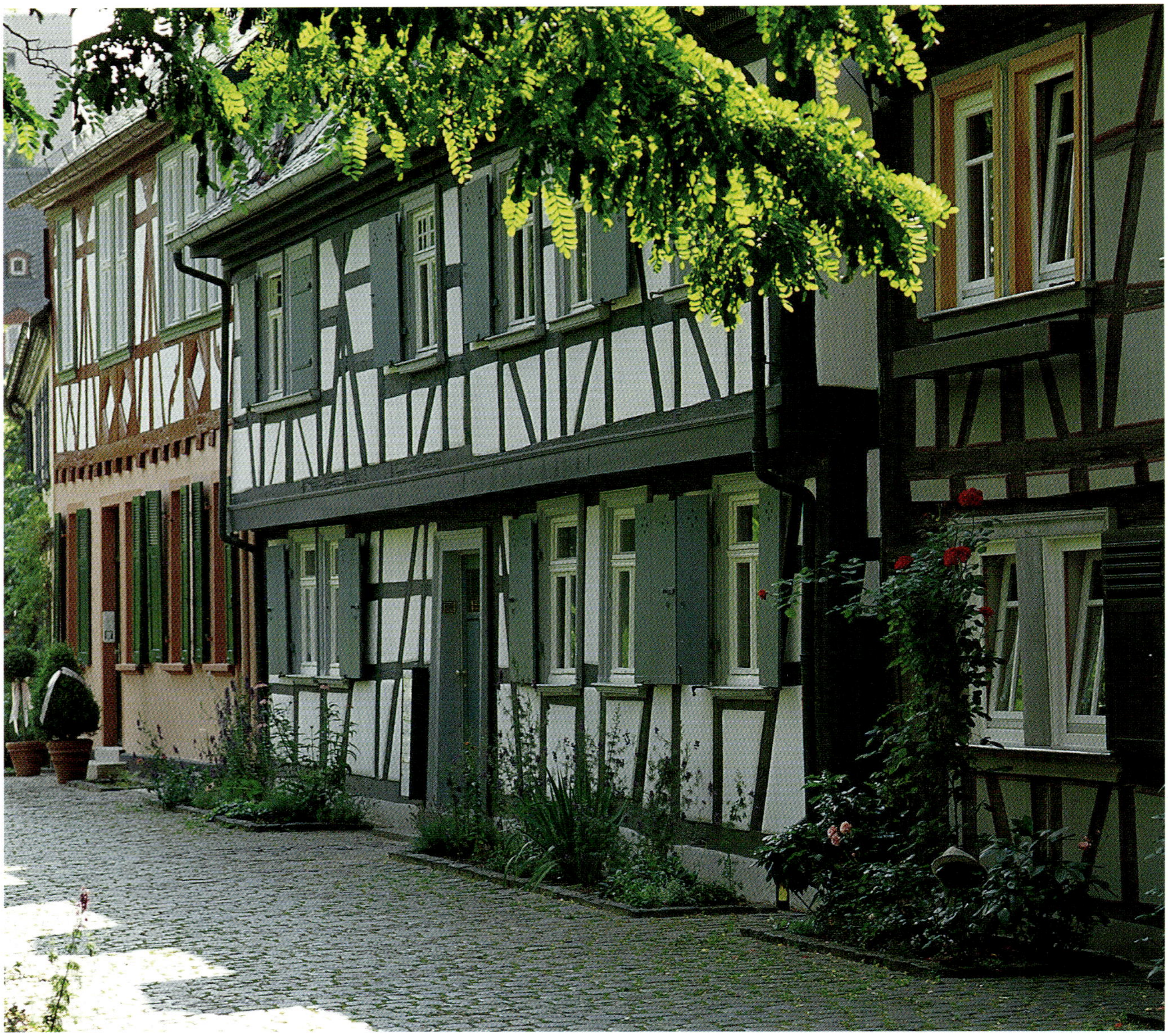

„Höchst“ sehenswert

Ist von Höchst die Rede, fällt meist das Stichwort „Höchst AG“. Daß dieser Stadtteil nicht nur mit einem führenden Chemieunternehmen aufwarten kann, zeigt ein Bummel durch die reizvolle Altstadt. Der Handelsplatz an Main und Nidda war schon zur Zeit der Römer besiedelt, die hier eine Heeresziegelei unterhielten. Urkundlich wurde er erstmals im Jahr 790 erwähnt und erhielt während des 14.

When the talk is of Höchst, usually "Höchst AG" is meant. A stroll through the charming Old Town shows that this part of Frankfurt not only has a leading chemical company to offer. The old trading center on the Main and Nidda was already settled at the time of the Romans, who maintained military brickworks here. It was first mentioned in a document in 790 and received a town charter in the 14th

Lorsque l'on parle de Höchst, l'on pense tout de suite à «Höchst AG». Une promenade à travers la charmante vieille ville montre que ce quartier a beaucoup plus à offrir. Cet antique lieu de commerce sur le Main et la Nidda était déjà peuplé du temps des Romains qui y avaient une tuilerie. Höchst est mentionné dans les chroniques dès 790 et obtint une charte au 14e siècle. Il fut rendu

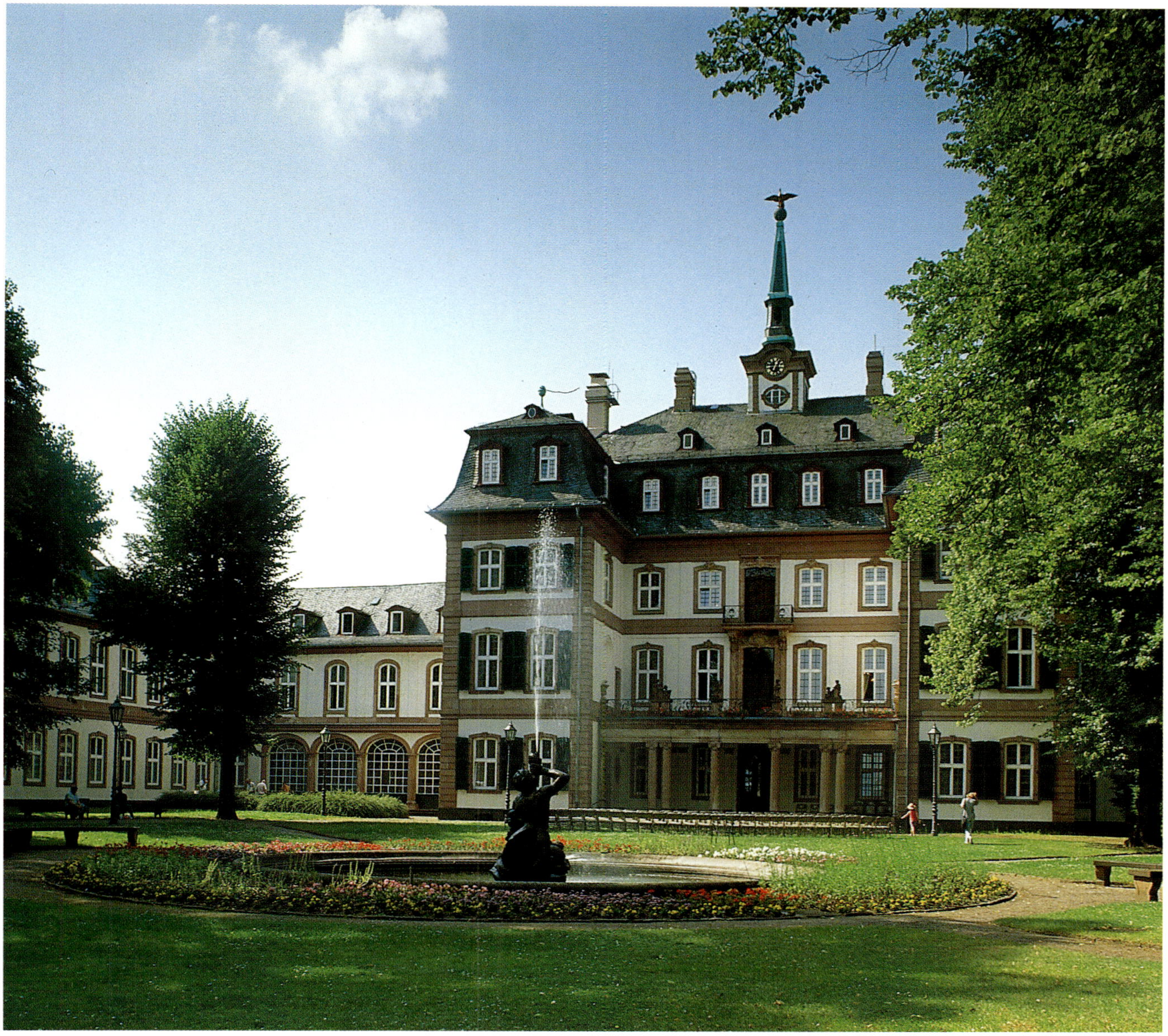

Jh. Stadtrechte. Berühmt wurde Höchst zunächst durch seine Porzellanmanufaktur; mit ihrer Gründung Mitte des 18. Jh. war sie die dritte in Deutschland nach Meißen und Berlin. Eine Auswahl des kostbaren Porzellans ist im Bolongaro-Palast zu bewundern. Das barocke Juwel, 1772–1775 für die beiden Schnupftabak-Könige Bolongaro erbaut, ist heute Sitz der Stadtbezirksverwaltung.

century. Höchst first became famous for its porcelain factory; when founded in the 18th century, it was the third in Germany after Meißen and Berlin. A selection of valuable porcelain can be admired in Bolongaro Palace, built for the two Bolongaro snuff kings from 1772–1775 and today seat of the municipal district administration.

célèbre par sa manufacture de porcelaine. Au 18e siècle, c'était la troisième après celle de Meißen et de Berlin. On peut admirer une sélection de cette précieuse porcelaine dans le Palais Bolongaro. Ce bijou de style baroque, construit de 1772 à 1775 pour les deux rois du tabac à priser est aujourd'hui le siège de l'administration de ce district de la ville.

Chronik

Ende 1. Jh.
Auf dem Domhügel entsteht eine römische Militärstation.
794
Erste namentliche Erwähnung als „Francofurd“ anläßlich einer von Karl dem Großen einberufenen Synode.
822
Vollendung der Königspfalz. Bis 890 Hauptresidenz des ostfränkischen Reiches.
1152
Als erster deutscher König wird Friedrich Barbarossa in Frankfurt gewählt.
1356
Die „Goldene Bulle“ Karls IV. bestimmt Frankfurt zur ständigen Wahlstadt der deutschen Könige.
1372
Frankfurt wird Freie Reichsstadt.
1562
Mit Krönung Maximilians II. löst Frankfurt Aachen als Ort der Kaiserkrönungen (bis auf vier Ausnahmen) ab.
1585
Gründung der Frankfurter Börse.
Ab 1627
Befestigung der Stadt durch Bastionen und Wälle.
1749
Geburt Johann Wolfgang von Goethes.
1805
Schleifung der Festungsanlagen.
1810–15
Hauptstadt des Großherzogtums Frankfurt.
1816–66
Sitz des Deutschen Bundestages.
1848–49
Nationalversammlung in der Paulskirche.
1866
Frankfurt wird preußisch.
1888
Eröffnung des Hauptbahnhofes.
1914
Gründung der Goethe-Universität.
1936
Eröffnung des Rhein-Main-Flughafens.
1943–45
Schwere Luftangriffe, bei denen die gesamte historische Altstadt vernichtet wurde.
1948
Währungsreform verkündet.
1949
Frankfurt unterliegt bei der Wahl der neuen Bundeshauptstadt Bonn.
1963
Neubau der Städtischen Bühnen.
1979
Einweihung des Fernmeldeturmes.
1981
Wiedereröffnung der Alten Oper.
1980–83
Wiederaufbau des Römers.
1986
Eröffnung der Kunsthalle Schirn.
1991
Fertigstellung des Messeturms.
1992
Eröffnung der Zeilgalerie „les facettes“.

Chronicle

End of 1st century
A Roman military station is set up on Domhügel.
794
First mention of the city as “Francofurd” on the occasion of a synod convened by Charlemagne.
822
Completion of imperial palace. Main residence of East Franconian Empire until 890.
1152
Friedrich Barbarossa elected in Frankfurt as first German king.
1356
The “Golden Bull” of Charles IV makes Frankfurt permanent election city for German kings.
1372
Frankfurt becomes free city.
1562
With the coronation of Maximilian II Frankfurt replaces Aachen as site of Kaiser coronations (with four exceptions).
1585
Founding of Frankfurt Stock Exchange.
Beginning in 1627
Fortification of the city through ramparts and walls.
1749
Birth of Johann Wolfgang Goethe.
1805
Razing of the fortifications.
1810–15
Capital of Grand Duchy of Frankfurt.
1816–66
Seat of German Parliament.
1848–49
National Assembly in Paulskirche.
1866
Frankfurt becomes Prussian.
1888
Opening of railway station.
1914
Founding of Goethe University.
1936
Opening of Rhein-Main-Airport.
1943–45
Heavy bombing raids resulting in complete destruction of the historical Old Town.
1948
Announcement of currency reform.
1949
Frankfurt loses to Bonn in selection of new nation’s capital.
1963
New construction of Municipal Theater.
1979
Opening of television tower.
1981
Reopening of Old Opera.
1980–83
Reconstruction of Römer.
1986
Opening of Schirn Art Gallery.
1991
Completion of Fair Tower.
1992
Opening of Zeilgalerie “les facettes”.

Histoire

Fin du 1er siècle
Camp militaire romain sur la colline de la cathédrale.
794
Première mention de «Francofurd» à l’occasion d’un synode convoqué par Charlemagne.
822
Le palais royal est complété – résidence principale de l’empereur des Francs de l’est jusqu’en 890.
1152
Frédéric Barberousse est le premier roi allemand à être élu à Francfort.
1356
La «Bulle d’Or» de Charles IV. Francfort devient lieu permanent de l’élection du roi d’Allemagne.
1372
Francfort devient ville libre impériale.
1562
Avec le couronnement de Maximilien II, Francfort remplace Aix-la-Chapelle comme lieu de couronnement de l’empereur (à quatre
A partir de 1627
La ville est fortifiée par des bastions et des murs.
1749
Naissance de Johann Wolfgang von Goethe
1805
Les fortifications sont rasées.
1810–15
Capitale du grand-duché de Francfort.
1816–66
Siège de la diète fédérale.
1848–49
Assemblée Nationale dans la Paulskirche.
1866
Francfort passe à la Prusse.
1888
Ouverture de la gare centrale.
1914
Fondation de l’université Goethe.
1936
Ouverture de l’aéroport Rhin-Main.
1943–45
Sévères bombardements. La vieille ville historique est entièrement détruite.
1948
Réforme monétaire.
1949
Bonn l’emporte sur Francfort dans l’élection de la nouvelle capitale.
1963
Nouvel édifice des Städtische Bühnen.
1979
Inauguration de la tour de télécommunications.
1981
Réouverture du vieil opéra.
1980–83
Reconstruction du Römer.
1986
Ouverture du Kunsthalle Schirn.
1991
Achèvement de la Tour de la Foire.
1992
Ouverture de la Zeilgalerie «les facettes».